职工创新技法普及读本

袁伯伟◎编著

中国工人出版社

图书在版编目（CIP）数据

职工创新技法普及读本 / 袁伯伟编著. —北京：中国工人出版社，2017.3

ISBN 978-7-5008-6632-9

Ⅰ. ①职… Ⅱ. ①袁… Ⅲ. ①创造能力—普及读物 Ⅳ. ①G305-49

中国版本图书馆CIP数据核字（2017）第059176号

职工创新技法普及读本

出 版 人	芮宗金
责任编辑	习艳群
责任校对	赵贵芬
责任印制	栾征宇
出版发行	中国工人出版社
地　　址	北京市东城区鼓楼外大街45号　邮编：100120
网　　址	http://www.wp-china.com
电　　话	（010）62005043（总编室） （010）62005039（出版物流部） （010）62382916（职工教育分社）
发行热线	（010）62005996　（010）82075964（传真）
经　　销	各地书店
印　　刷	北京美图印务有限公司
开　　本	880毫米×1230毫米　1/32
印　　张	6.75
字　　数	150千字
版　　次	2017年4月第1版　2018年8月第2次印刷
定　　价	32.00元

前　言

创新让劳动者更有力量

当今时代是日新月异的时代，当今时代是人人出彩的时代。

中华民族的伟大复兴要靠创新来推动！

习近平总书记曾多次谈到创新。2013 年 3 月 4 日，习近平在出席全国政协十二届一次会议并参加分组讨论时说：“变‘要我创新’为‘我要创新’”；2013 年 10 月 21 日，在欧美同学会成立一百周年庆祝大会上，他说：“创新是一个民族进步的灵魂，是一个国家兴旺发达的不竭动力，也是中华民族最深沉的民族禀赋。”2015 年 10 月 29 日，在党的十八届五中全会第二次全体会议上，他说：“我们必须把创新作为引领发展的第一动力，把人才作为支撑发展的第一资源，把创新摆在国家发展全局的核心位置。”“让创新贯穿党和国家一切工作，让创新在全社会蔚然成风。”

李克强总理多次提及“大众创业、万众创新”。他在 2015 年的《政府工作报告》里提道：“推动大众创业、万众创新。这既可以扩大就业、增加居民收入，又有利于促进社会纵向流动和公平正义。”

中国制造业的处境也面临着从“少不了”到“一边去”。21 世纪初，在欧美流行两句话：“中国制造犹如空气一样，成为了日常生活的必须”，“如果没有中国制造的玩具，世界的儿童将失去许多欢乐”。中国曾凭借廉价劳动力成为“世界工厂”，然而现在，工厂“脱中国化”的趋势却愈发明显。2016 年 9 月 9 日，《中国制造 2025 蓝皮书（2016）》发布。

蓝皮书称，在智能制造技术应用、制造业综合成本变化等因素影响下，全球制造业布局逐渐调整，正在加快向东南亚、南亚、非洲等成本更为低廉的地区转移。毫无疑问，依靠汗水、污染、廉价、牺牲拼出来的中国制造不可持续、难以为继。我们别无选择，必须转型升级、自主创新。

自主创新的关键在于企业，企业是创新的主体。人才是创新的关键，职工是创新的主人。企业技术工人是推动企业技术创新和实现技术成果转化不可或缺的重要力量，是加快经济发展方式转变，推动产业结构转型升级的生力军。

中华全国总工会下发了《2016－2020年劳动和技能竞赛规划》，围绕实现“十三五”规划各项目标任务，以提升职工技能素质、推动企业技术创新为重点提出了一系列“小目标”。

显然，只有广大职工都能充分认识到创新的重要性、必要性和可能性，积极参与，形成良好的环境氛围，建设创新型国家才有坚实的基础、宽厚的沃土。同时，“工欲善其事，必先利其器”，应善于学习，善于思考，熟悉并掌握一定的创新方法和技巧。

本书对众多行之有效的创新思路和方法进行了整理归纳，并辅以大量案例实例，使之易懂、实用、接地气，为提升职工素质、助力企业创新服务。

无限风光在创新！

目录
CONTENTS

第一章

走 近 创 新

走近创新，就是要明白“创新是什么”，“创新为什么”。

第一节 | 什么是创新

一、创新的定义

创新是利用现有的知识和物质，在特定的环境中，本着理想化需要或为满足社会需求而改进或创造新的事物、方法、元素、路径、环境，并能获得一定有益效果的行为。

简单来说，创新有两方面因素：一是要有变化，一成不变，老面孔、老思想、老套路显然与“创”和“新”无缘；二是要有结果，而且是有益于人类社会进步与发展的正向结果，仅仅有点子或创意只是创新的一环，光怪陆离、不着边际的“变”则是对创新的扭曲和误导。

所以，我们将创新定义为：创新是有益的变革。创新是要发现问题（或机会），解决问题，创造效益。

二、创新的解析

1．创新的动因在需求

“需求是创新之母”，这是创新者的座右铭。需求不仅是各种创新的出发点或着眼点，也是一切创新的归宿。

2．创新的要义在突破

要创新，就要突破常规戒律，突破条条框框，突破传统经验，突破思维定式。创新就是对现状的变革和颠覆。

3．创新的标志在出新

创新就是推陈出新。有“新”才有区别，才有进步，是创新的价值所在。所有创新都必须在创新思维引导下，用新的思路、新的方法去发现问题、解决问题，从而获得新理论、新技术、新设计、新方案和新产品。

4．创新的基础在继承

牛顿曾经说过：“如果说我比别人看得远的话，那是因为我站在了巨人的肩膀上。”

创新不是凭空而来的无源之水。绝大部分创新都由引进、改变、组合而成，即便是首创、原创，也离不开现有知识、信息、资源等的支持。继往开来，才能枝繁叶茂。

5．创新的目的在发展

创新的目的很明确，就是要看是否有利于自然的和谐，是否有利于社会的发展，是否有利于人类的进步，并且要有实际的成效。

6．创新的关键在实践

创新是一种社会实践，实践是创新之本。创新的力量存在于人改变世界的实践活动之中。只有通过实践，才能产生创新构想并使之得到检验、修正、完善、具体化，最终使创新成为可能。

7．创新的实施在过程

通常，创新的过程有三个环节：一是发现问题，或者说是发现机会，发现需求，这需要独特的眼光；二是解决问题，或者说是满足需求，这需要多样的方法；三是收获成果，产生成效，这需要恰当的模式。

8．创新的主体是人

人既是创新需求的发现者，又是创新过程的实践者，还是创新成效的受益者。所以，人是创新的主体。每个人都有巨大的创新潜能。

三、创新的分类

1．创新的近义词

（1）创造。狭义的创造是指科学、技术、理论、方法和产品（包括精神产品和物质产品）在世界范围内的首次产生，是一种“从无到有”的过程，被称为首创或原创。狭义的创造不包括“对已有事物的改进”。广义的创造是指创造主体首次给出了自己从未做过、也不知别人是否做过以及别人是如何做的事物。

创造与创新的主要区别是创造的主体可以是人，也可以是其他，如大自然创造了美景，劳动创造了人；而创新的主体是人。另外，创新强调最终能获得有益的效果。

（2）发现。发现与科学相关联，指观察事物而发现其原理或法则，即发现已经存在但不为人知的规律、法则、结构、功能、现象或事物等。发现也是一种创造，是获得天然性新成果的一类创造。发现的对象是客观存在的事物，或者事物固有的性质与规律。

发现主要有两个方面：一是对自然界各种原理、规律的寻找或认识；另一种是对社会发展规律的寻找或认识。世界上的万事万物都有一定的规律、法则、结构和功能，需要人们通过观察、研究去寻找或认识。

（3）发明。发明是创造新事物、新方法、新观点和新理论等。发明是获得非天然性或人为性新成果的一类创造。发明的成果可以是一个新的技术方案、一个新的产品特性，也可以是一个理论概念（如新的体制机制）。

专利法表明，发明就是提出某些新的有用的方案，而这种方案对于即使是熟悉该行业的人也并非显而易见。发明往往具有某种潜在的价值，因此常常带有知识产权。但只有通过某种方法去实现，发明才是完整意义上的创新。

（4）革新。革新即消除或改变原有的思想或事物，提出与前人不同的新思想、新学说、新观点或新事物的行为或过程，其要义是革除旧的，创造新的。技术革新是指生产技术上的改进，如工艺规程、结构形式、选材用料等方面的改进。

（5）创意。创意是在对现实存在事物的理解以及认知的基础上，所衍生出的一种新的思维和行为的表达，是打破常规、智慧对接、具有创造性的想法。创意是超越现实事物的构想，是一种创造性的表达。

视|野|延|伸

不同角度看创新

不同的角色从不同的角度对创新有着各自的见解，有助于我们深入具体地去认识创新、实践创新。

“有无相生”

我国古代伟大的哲学家和思想家、道家学派创始人老子说过“有无相生”，也说过“天下万物生于有，有生于无”。其实，这是对创新真谛的绝妙揭示。

“有无相生”主要是指创新是“从无到有”，即开天辟地的独创；又是“从有到无”，即变革更新的扬弃。

通俗地说，“天下万物生于有，有生于无”的意思是，创新要么是前所未有的发明，要么是对现有的事物进行改进、变革。

“思人之所未思”

美国麻省理工学院的谢皮罗教授与常人一样，在浴缸里洗澡后要拔起塞子排水。与常人不一样的是，他对排水时水会旋转发生了兴趣。于是，他到处去拔塞子观察排水现象，结果发现：在地球北半球排水，水会作逆时针方向旋转；在地球南半球□水，水会作顺时针方向旋转；在地球赤道附近排水，水不作旋转。研究表明，这与地球自转有关。1962年，谢皮罗教授发表了论文，提出了研究海流、台风活动的新理论。

抓住偶然

英国化学家弗莱明正在做葡萄球菌的培养实验，偶然发现器皿中有的葡萄球菌死了。这一现象以往也有不少人碰到过，可谁也没在意。弗莱明却认真地观察分析，发现葡萄球菌死去的地方存在青霉孢子。于是，一个大胆的猜想产生了：青霉孢子能杀死葡萄球菌——青霉素因此而问世。弗莱明的这一成就使人类的平均寿命延长了十年。

巧妙组合

威廉是个画家，丢三落四是他改不了的毛病。他常常在作画时拿了铅笔丢了橡皮，找到了橡皮又找不见铅笔。恼火之余，他干脆用细线将橡皮绑在了铅笔上。威廉的朋友是个善于动脑的人，他觉得这是一个很好的创意。经过改进设计后，他们便发明了橡皮头铅笔。

调整程序与重新排列

田忌赛马是中国历史上有名的竞技案例。孙膑仅调整了赛马的出场顺序，便一举反败为胜。无论是民间所说的“男女搭配，干活不累”，还是现代企业的资产重组、机构重组、生产线重组、人员重组等，都是同样的道理。

2. 创新的几种分类

（1）根据创新的领域不同，可将创新分为科技创新、教育创新、金融创新、工业创新、农业创新、市场创新、军事创新、社会创新、环境创新、文化创新、艺术创新、生活创新等。

（2）根据创新的方式方法不同，可将创新分为独立创新、合作创新、平台型创新（如创新工作室）、跨界（跨业界、跨学界、跨国界）创新、集成创新、引进再创新（模仿移植式创新）等。

（3）根据创新的层次和功能的不同，可将创新分为突破性（革命性、颠覆性）创新、跨越式（赶超式）创新、渐进型（改进型、升级型）创新、差异化创新、跟随式创新、微小型创新、首创型（开拓型）创新、应用型（拓展型）创新等。

第二节 | 创新人人可为

一、创新神奇但不神秘

创新，以其非凡的魅力和魔力影响世界、造福人类。通常，人们看到的是创新成果的神奇伟大和创新过程的艰辛困难，很少探究创新背后的缘由、原理、思路、方法及其关联影响。因此，人们不由自主地赞美创新、钦佩创新、神化创新、仰视创新，然后便敬而远之，将自己游离于创新之外。显然，这不利于创新的大众化，也不利于创新型国家的建设。因此，应该让创新从神坛走向地面，从精英走向大众，让大众变仰视创新为主动创新。

客观、科学地认识创新，才能真正践行创新，才能促进人类社会的发展和进步。可以说，创新无比精彩，创新无处不在，创新无人不能。

许多影响世界、造福人类的伟大创新，其原始素材往往是司空见惯、随手可得的事物，只是创新者以与众不同的思想和方法对其进行变革创新。这也就是创新的神奇和魅力所在：让不可能变成可能，让平凡变为非凡！

视|野|延|伸

沙子变形记

人们常说：平淡如水、平凡似沙。在大自然里，水和沙是最为寻常之物。然而，在创新的“魔法”作用下，平淡也能璀璨，平凡可成非凡。通过不断的创新改造与应用，沙子也能为人类的日常生活、工业、农业、艺术乃至高科技发展作出极不寻常的贡献，那些创新者也因此成为发明家、企业家甚至是诺贝尔奖得主。

沙子变成光纤

现代人自如享用的手机、电话、有线电视以及互联网等，其信息传输都需要有快速通路——信息高速公路，而信息高速公路的基础是光纤。

英籍华裔科学家高锟发明了石英玻璃，制造出世界上第一根光导纤维，因此被冠以“光纤之父”的称号，并荣获2009年诺贝尔物理学奖。

光纤电缆以玻璃代替铜作介质，使一根头发般细小的光纤的信息传输量相当于一个饭桌般粗大的铜“线”的传输量。它彻底改变了人类通信的模式，为现代信息高速公路的建设奠定了基础。

如今，利用多股光纤制作而成的光缆已经铺遍全球，成为互联网、全球通信网络等的基石；光纤激光器则在工业控制、加工制造、军事、医疗、化工、光信息处理、全色显示和激光印刷等领域大显身手。

“光纤是用世界上用之不竭的材料做成的，那就是沙粒。”高锟解释：“沙粒具有环保、成本低、轻盈和高度耐受力的特性，并且不会泄露光源，具有保真度高、抗干扰能力强、工作性能可靠等诸多优点。”

“沙产业” 的商机

我国沙漠和戈壁的总面积占国土总面积的13.6%，比农田的面积还要大。如果能让不毛之地的沙漠成为沃土，就能让沙子变成取之不尽的宝贝。

秦升益，出生于大别山的一个小山村，中专毕业后到济南铸造锻压机械研究所当了一名普通的技术员，由此跟沙结缘，专攻“沙产业”。

三十多年来，秦升益通过技术创新，攻克了沙漠中风积沙利用等多项技术难题，取得了三百多项科研成果，申请了一百五十多项专利，并形成了“以沙治水、以沙增油、以沙治沙、以沙治碱、以沙精铸、以沙制器、以沙建筑、以沙兴农”等系统解决方案。

覆膜沙：成功解决了铸造材料有机黏结剂高温性能不足、风积沙热膨胀率高的关键技术难题。

孚盛沙：有效解决了现有石油开采支撑剂不能对油、水选择性渗透的世界性难题，被石油界称为“石油支撑剂领域的一场革命”。它不仅可以降低油水分离成本，还可明显提高采收率，平均单井提高石油日产量2.3吨以上。孚盛沙还可以用于海上漂浮油的自动收集。

生泰沙：适用于“以沙治水”，解决了透水、过滤净化以及雨水储存保鲜的世界性难题，并为农田水利灌溉提供系统技术解决方案。

二、创新源于生活

高尔基说过，人类的生活就是创造。

创新改变生活，生活也启迪创新。很多貌似神奇的高科技，其原理或创造契机往往来自生活中很简单的常识，只是人们没有想到，或者是想到了却没有去做。让创新接地气就是要从生活中去发现问题和机会，从生活中去寻找灵感和启迪。

视|野|延|伸

集装箱的发明

20世纪50年代初期，世界经济发展遇到了拦路虎——海上货运的成本迅速上升，同时由于港口变得越来越拥挤，货轮运送货物的时间也越来越长。结果，码头上的货物越堆越多，偷窃现象也日趋严重。当人们为远洋货运的日益衰落担忧时，集装箱出现了！

集装箱是对水上运输有革命性影响的伟大发明。它使远洋货船的效率提高了4倍，其装卸效率比常规杂货船高10倍，拯救了日益衰败的海运业。在集装箱发明后的30年间，货运量翻了5番，而整体成本却下降了60％。同时，货船港口停留时间缩减了3／4，港口的拥挤和偷窃现象也大为改善。

集装箱的原理其实来源于搬家时的常识。搬家时，人们会把零星物品先用纸箱打包后再装车——集装箱实际上就是经过规格化、标准化的纸箱。

三、每个人都有创新潜力

创新的确神圣而伟大，但并非神秘莫测、遥不可及。创新不是少数高级人才的专利。

1．人的本质就是创新

法国思想家、文学家、1915 年诺贝尔文学奖得主罗曼·罗兰有一句名言：生命的第一个行动是创造的行动。

地球上的生命就是一个从无到有、从低级到高级不断进化的创新发展过程：由元素的相互作用产生了无机化合物，进而产生有机化合物，然后出现简单的生物小分子，继而为生物大分子，之后发展为单细胞、多细胞——地球上开始有了生命的种子。受各种因素的影响刺激，基因的变异创造了无数新物种，而物竞天择、优胜劣汰的自然法则促进了物种的进化。

类人猿从爬行到直立——前肢被解放出来，成为可以劳动的双手；从怕火到用火——不仅可以御寒、煮食，还可以用以烧荒耕作、冶炼制作；从徒手到使用工具——拓展了人的机体功能，强化了生存能力……不断的创新突破，造就了有智慧、能主动创新的人类。

生命不止，创新不止。每一个生命体的正常生长和维持过程就是一个不断创新的过程。生命的基本特征是吐故纳新、新陈代谢。生命的活力在于不断地自我更新：人体细胞更新周期一般为120—200天（神经组织细胞除外），大约每6—7年就要全部更换成新的细胞。新陈代谢一旦停止，生命也将终结。

有研究指出，2∶8是自然界与人类社会中的一个普遍比例关系。一个人显现出来的才干与能力通常只是其潜在能力的20%。

脑科学家指出，人脑约有140亿—150亿个脑细胞用于记忆，其记忆存储量是5000万册藏书的5倍。然而，研究指出，普通人的大脑利用率不足5%；有一定成就的人士的大脑利用率约为10%；举世公认的杰出科学家爱因斯坦的大脑利用率也只是30%。所以说，人的潜能是超乎想象的。

2．群众是真正的英雄

群众中有真理，群众中有方略，群众中有智慧，群众中有力量。

早在1983年4月20日，共青团中央、国家经委、全国总工会联合发出《关于在全国青年职工中开展“五小”智慧杯竞赛活动的通知》。“五小”是指小发明、小创造、小革新、小设计、小建议。“五小”竞赛活动为推动企业技术进步，提高经济效益作出了贡献，并成为企业共青团的经常性活动。

合理化建议是增强企业竞争力，提高员工素质的重要手段，受到国内外企业的普遍重视。国内的一些省市和许多领域已将合理化建议实施办法作为政策出台，制定了合理化建议制度或奖励建议制度、改善提案制度、创造性思考制度。合理化建议制度激发了群众的创造创新热情，充分展示了蕴藏在群众中的巨大创新智慧和创新能力，发现和解决了领导与专家所忽视或头痛的问题，为企业排忧解难、创新发展贡献了力量。

3．创新是中华民族的优秀禀赋

创新是中华民族最鲜明的民族禀赋，卷裹着绵延不断的中华文明前行至今。历史发展特别是中国近代以来的经验充分表明，仅有庞大的经济总量和经济规模，无法支撑一个国家的长期繁荣与强盛，拥有强大的科学技术创新能力，才是从大国迈向强国的必由之路。

中华民族自古以来就是一个不甘平庸、锐意进取的民族，勤劳勇敢、睿智创新已经成为中华民族优秀文化的组成部分。

第三节 | 创新是时代的需求

一、创新驱动发展

当今时代最鲜明的特征：创新无处不在、无法回避。创新是进步的灵魂、发展的动力。

自人类诞生的那一刻起，创新一直在改变我们的生活，引领着我们前进。这是一个创新驱动的时代，蒸汽机成就了大英帝国，使人类进入了工业文明；计算机开创了信息革命的新纪元，成就了美国近几十年来的繁荣和霸主地位；互联网技术推进着经济全球化，使得所有的国家、组织、社团、个人都在受益。

如今，创新所带来的冲击、变化已经不再是局部或偶发性的了，而是连续的、广泛的，甚至是以超乎想象的方式冲击、改变或颠覆着现实世界——从思想观念到生活方式、生产制造。比如，移动网络发展之后，手机已经从一个移动电话变为一个方便灵活的客户端，可以用来通信、学习、交流、购物、付费、听音乐、看视频、玩游戏、导航、身份识别等。手机已经成为大众不可或缺的伙伴，并不由分说地改变着人们的生活习惯和行为方式。

“互联网 +”的创新模式开启了“网”领世界新天地：互联网 + 通信、互联网 + 媒体、互联网 + 娱乐、互联网 + 零售……它颠覆了很多传统行业，为大众创新提供了良机。根据官方媒体报道，应用工业互联网后，企业的效率可以提高 20%，成本可以下降 20%，节能减排可以下降 10%。未来 20 年，中国工业互联网发展至少可带来 3 万亿美元左右的 GDP 增量。

时代变革创新驱动图

时代	时区	特征	创新典型
原始时代	约200万—300万年前到约1万年前	人猿揖别，地球上诞生了智慧的创新主体	石器、弓箭、钻木取火
农业时代	约1万年前到18世纪	从采集走向农耕、从游猎走向定居、从野蛮走向文明	青铜器、铁器（犁等）、造纸、文字、陶瓷等
工业时代	18世纪中到20世纪中	人类创造了机器和电器。机械化突破了人的生理功能的极限；电气化突破了文明生活的自然障碍；化学化突破了自然资源的局限；管理创新运用标准化方法，大大提高了劳动生产率	第一次技术革命（约持续120多年）的主要标志是动力技术：蒸汽机、纺织机 第二次技术革命（约持续70多年）的主要标志是电力技术：发电机、电灯、电动机、内燃机和电信技术、化工技术 第三次技术革命（约持续30多年）的主要标志是电子技术：电报、电话、无线电、电视以及电子计算机

续表

时代	时区	特征	创新典型
知识时代	20世纪中至今	以现代知识、现代科技为核心的创新变革时代，其速度之快、数量之多、范围之广、影响之大，超乎想象	信息技术：通信、传感、微电子、光电子、计算机、网络和数字化、智能化 生物技术：基因工程、细胞工程、酶工程和发酵工程 能源技术：核能、太阳能、燃煤、磁流体发电、地热能、可燃冰、页岩气、海洋能、生物能以及LED照明 航天技术：大型运载火箭、巨型卫星、宇宙飞船、航天飞机、空间站、空间资源、空间工业、空间运输及空间军事技术 海洋技术：深海挖掘、海水淡化以及对海洋资源的开发利用 材料技术：功能材料、智能材料、传感材料、超导材料、纳米材料、仿生材料、生物材料、高性能结构材料 智能技术：机器人、无人飞机、可穿戴设备、智能生活、智慧地球 制造技术：精密化、微型化（或大型化）、高速化、绿色化、综合化、数字化、网络化、智能化以及虚拟制造、3D打印制造

二、创新决定命运

我国现在的发展大多是以拼资源、拼消耗、拼苦力拼来的，发展中的不协调、不可持续问题突出。据国家发展和改革委员会原副主任张晓强披露，2012 年，中国消费了世界 50% 的钢、水泥、煤炭，石油进口依存度达 57%，铜进口依存度达 70%，大量能源资源消费又造成大气、水、土地污染等问题。中国的科技成果转化率仅为10%左右，远低于发达国家40%的水平。我们已经成为世界第一大能源消费国，也成为世界第一大二氧化硫排放国。据世界银行估计，环境污染给中国带来相当于3.5%—8%的GDP损失。

被视作竞争利器的中国制造成本优势也正在逐年削减。据悉，与美国相比较，我国每单位产值所需成本：2005年是美国的75%，2010年增至80%，现在则达98%，已相差无几。凭借成本低廉等优势，中国曾吸引了不少外商投资，人口红利也曾一度支撑了中国经济发展。时过境迁，“中国制造”正在遭遇着空前的危机，一些制造业大省接连传来工厂倒闭的消息。

总体而言，中国制造业面临六大问题：

问题	具体表现
·自主创新能力弱	·关键核心技术与高端设备对外依存度高
·产品档次不高	·世界著名品牌和跨国企业数量较少
·资源能源利用率低	·环境污染问题较为突出
·产品结构不合理	·高端装备制造业和生产性服务业发展滞后
·信息化水平不高	·与工业化融合深度不够
·产业国际化程度不高	·全球化经营能力不足

党的十八大报告首次提出两个翻番：到2020年，实现国内生产总值和城乡居民人均收入比2010年翻一番；两个同步：努力实现居民收入增长和经济发展同步、劳动报酬增长和劳动

生产率提高同步。同时，十八大报告还提出了建设中国特色社会主义的总任务是实现社会主义现代化和中华民族伟大复兴，并且强调了“两个一百年”的奋斗目标：在中国共产党成立100年时全面建成小康社会，在新中国成立100年时建成富强、民主、文明、和谐的社会主义现代化国家。

要实现以上目标，就要创新创新再创新。科技创新是提高社会生产力和综合国力的战略支撑，必须把科技创新摆在国家发展全局的核心位置，坚持走中国特色自主创新道路，敢于走别人没有走过的路，不断在攻坚克难中追求卓越，加快向创新驱动转变。

当前我国已到了必须依靠科技创新引领、支撑经济发展和社会进步的新阶段。必须依靠科技创新，才能有力推动产业向价值链中高端跃进，提升经济的整体质量；才能更多地培育面向全球的竞争新优势，使我国发展的空间更加广阔；才能有效克服资源环境的制约，增强发展的可持续性。

视|野|延|伸

新科技影响未来

近期，美国智库麦肯锡发布了一项报告，研究梳理了对未来影响巨大的12项现代科技。

① 移动互联网：价格不断下降、能力不断增强的移动计

算设备和互联网连接。

② 知识工作自动化：可执行知识工作任务的智能软件系统。

③ 物联网：用于数据采集、监控、决策制定及流程优化的廉价传感器网络。

④ 云：利用计算机软硬件资源通过互联网或网络提供服务。

⑤ 先进机器人：具备增强传感器、机敏性与智能的机器人；用于自动执行任务。

⑥ 自动汽车：在许多情况下可自动或半自动导航及行驶的汽车。

⑦ 下一代基因组：快速低成本的基因组排序，先进的分析，合成生物学。

⑧ 储能技术：存储能量的设备或物理系统。

⑨ 3D 打印：利用数字化模型将材料逐层打印来构造物体的制造技术。

⑩ 先进材料：具备强度高、导电好等出众特性或记忆、自愈等增强功能的材料。

⑪ 油气勘探开采：勘探与开采技术更经济。

⑫ 可再生能源：太阳能与风能——利用清洁环保可再生的能源发电。

三、实体经济与职工创新

1. 实体经济是国家的脊梁

国家要强大，工业化很重要。要发展制造业，要靠实体经济。实体经济是指人通过智慧、借助工具在地球上创造的财富，包括物质、精神产品和服务生产、流通等经济活动。它的活动主体既包括农业、工业、交通通信业、商业服务业、建筑业、文化产业等物质生产和服务部门，也包括教育、文化、知识、信息、艺术、体育等精神产品的生产和服务部门。实体经济是人类社会赖以生存和发展的基础。强国，必须要有实体经济支撑。只有坚定不移地搞实体经济，一步一个脚印地抓转型升级，才能由“制造大国”变成“制造强国”。

2015 年 5 月 8 日，国务院正式印发《中国制造 2025》。《中国制造 2025》是中国政府实施制造强国战略第一个十年的行动纲领，提出坚持“创新驱动、质量为先、绿色发展、结构优化、人才为本”的基本方针，坚持“市场主导、政府引导，立足当前、着眼长远，整体推进、重点突破，自主发展、开放合作”的基本原则，通过“三步走”实现制造强国的战略目标：第一步，到 2025 年迈入制造强国行列；第二步，到 2035 年中国制造业整体达到世界制造强国阵营中等水平；第三步，到新中国成立 100 年时，中国制造业大国地位更加稳固，综合实力进入世界制造强国前列。

围绕实现制造强国的战略目标，《中国制造 2025》明确了 9 项战略任务和重点，提出了 8 个方面的战略支撑和保障。

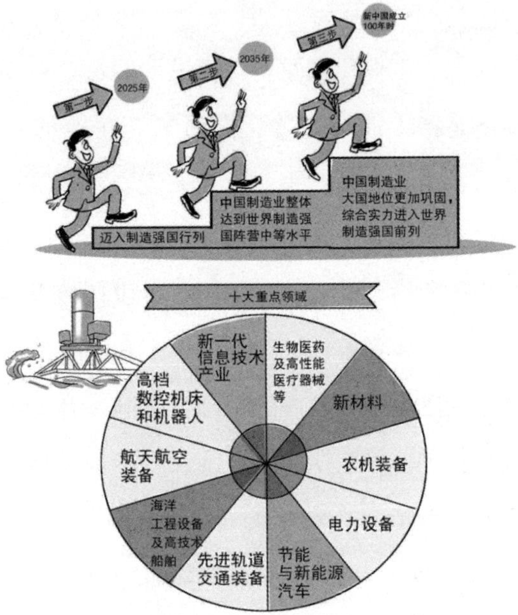

“三步走”实现制造强国战略目标

2．弘扬工匠精神

在信息技术和网络飞速发展的今天，要发展实体经济，实现制造强国的战略目标，需要互联网思维，更需要工匠精神。《工匠精神：缔造伟大传奇的重要力量》一书的作者亚克力·福奇说：“美国的工匠们是一群不拘一格、依靠纯粹的意志和拼搏的劲头做出了改变世界的发明和创新的人。”

工匠精神是工业精神的重要内容之一。它追求的是工业化进程中的严谨、一丝不苟、专业、专注、精益求精，是工业时代不可或缺的精气神。工匠尤其注重细节、追求完美，力求做到极致。截至 2012 年，寿命超过 200 年的企业，日本有 3146 家，为全球最多，德国有 837 家，荷兰有 222 家，法国有 196 家。为什么长寿的企业扎堆出现在这些国家？研究表明，这些国家都在传承着一种精神——工匠精神。

工匠精神的要义之一便是创新。对于广大职工来说，弘扬工匠精神，离不开职工特有的创新精神。职工的创新精神是工匠精神得以延续的重要基因。

时移势易，如今，我们进入了移动互联网时代。互联网思维加上工匠精神，能给创新和创业带来更多的驱动力。

就在“互联网 +”在我国大行其道的时候，美国却悄悄地进入了“新硬件时代”。“新硬件时代”是以美国强大的软件技术、互联网和大数据技术为基础，由极客和创客为主要参与群体，以硬件为表现形式的一种新产业形态。这里说的新硬件，不是主板、显示器、键盘这些计算机硬件，而是指一切物理上存在的，在过去的生产和生活中闻所未闻、见所未见的人造事物，如多轴无人飞行器、无人驾驶汽车、3D 打印机、可穿戴设备、智能机器驮驴、机器人厨师等。前几年，中国游客去日本疯狂购买电饭煲、马桶盖的新闻也屡屡见诸报端。这些都给中国的制造业敲响了警钟，在互联网热的大背景下，实体经济才是根本，需要回归技术、回归产品质量，重视创新，制造出优良的产品。

3．大力发展创客空间

创客概念源自国外，意指将与众不同的想法变成实物的人。创客和工匠都有创新的共性。

创客空间等于“车间＋艺术工作坊＋实验室”，也是创客们的交流活动中心。近几年兴起的创客空间，上承美国科技人的“车库传统”。有人称它象征了“美国制造的大众文艺复兴”。美国政府在2012年年初就宣布支持创客空间，希望创客再把美国动手创造的精神带回来，之后4年便在1000所美国学校引入配备3D打印机和激光切割机的创客空间。英特尔CEO科再奇上任后，把创客当作重要的公司策略。

人是创业、创新最关键的因素。我国有13亿多人口、9亿多劳动力，其间蕴藏着无穷的创造力。而创客空间提供场地和基本的工具，不同行业、不同年龄的人因兴趣相同聚集到一起，相互启发，彼此分享，并一起动手，将想法变为现实。这能最大限度地激发人的创造活力，吸引和激励更多的人投身创新、创业，创造财富，实现人生价值。去创客空间，可以发展自己的爱好，展示自己的才能，成就自己的梦想。

第二章

创新思维——思路就是出路

人脑有巨大的潜能，贵在积极开发。

第一节 丨 思维与创新思维

一、创新思维的定义

恩格斯说："思维是地球上最美丽的花朵。"

思维是人类特有的心理活动，是人类区别于其他动物的最根本特征。

从字面上看，"思"就是"想"或"考虑"，"维"是"序"或"方向"，所以"思维"就是有一定顺序的思想或沿着一定方向的思考。

心理学界一般认为：思维是人脑对客观事物间接的、抽象的和概括的反应。间接，就是需要其他事物为媒介，即借助已有的知识经验去理解和把握未知的事物。抽象和概括，就是对事物的本质、规律所作的提炼和归纳。

美国《未来学家》杂志总结了天才思维的七种方法：多角度思考、形象化思考、创造性思考、反向性思考、善于组合、善于联想、善于比喻。

创新思维，相对于常规或传统思维而言，是指一切具有创新特质的整体思维过程。

二、创新思维的基本特征

1. 新颖性

创新思维的本质是求异、求新，具有与众不同的独特性。创新者能从不同寻常的角度和不循常规的思路去发现问题、思考问题、解决问题。

2. 突破性

创新就是突破，突破常理常识、清规戒律、传统习惯、知识经验、书本权威、定式思维的束缚，推陈出新。创新者要保持好奇心，敢于质疑、敢于批判、敢于标新立异。

3. 灵活性

创新思维是发散的、多向的、立体的、开放的。创新者既要有天马行空的想象力，又要有由此及彼的联想力；既要有严密的逻辑思维，又要有突发的跳跃思维，灵活而丰富。

4. 综合性

创新需要整体系统辩证的思考，不能顾此失彼，甚至自相矛盾。不仅要考虑创新对象自身各要素的相互关系，还要考虑与外界的关联及影响。

三、几种常见的思维障碍

所谓思维障碍，是指思维活动的流畅性和变通性发生异常，简单说就是正常思维受阻，拘束了应有的思维能力。

思维障碍包括以下几种：

1. 经验性思维障碍

经验是指亲身从多次实践中得到的知识或技能。经验性思维障碍是指不管具体问题对象和客观因素，固守已有的经验、知识、习惯、守则、规范所进行的认识和思考。

古希腊哲学家柏拉图说：“知识与经验使人失去的比得到的要多得多。”

视|野|延|伸

思维障碍的启示

大兵在春晚上说过一个相声《谁叫你是先进》。其中一段大意是：大兵给当了先进的搭档出了个题目，问他能否用自己的牙齿去咬自己的左眼睛。

搭档说：不行。

大兵讽刺说：真笨，左眼是假的，取下来不就可以咬了嘛！

接着大兵又问，他能否用自己的牙齿去咬自己的右眼睛。

搭档说：那不一样吗，把右眼取下来不就可以咬了嘛！

大兵说：不行，右眼是真的，不能取下来！

搭档便又无计可施了。

大兵又讽刺他笨，说：牙是假的，把假牙取下来不也就可以咬了嘛！

……

从个体条件看，这位搭档完全有能力解答大兵的问题，但为什么两次都被难住了呢？原因就是思维障碍在作祟：第一次属于常规性思维障碍——思考的依据是常理、常识和常见的现象事物，因而对非常规的问题就无法应对；第二次属于经验性思维障碍——思考的依据是已有的知识和经验，习惯于照搬照套，遇到改变了的环境条件就行不通了。

2．路径性思维障碍

思维路径是指思维的走向和方式。路径性思维障碍包括：单向思考或直线型思维；追求唯一答案、标准答案、正确答案；简单模仿、机械执行等。

我们鼓励追求事业的执着，反对思维方式的固执、刻板。

视|野|延|伸

树上有几只鸟

这是一道经常用来教导小孩的题目：树上有10只鸟，放一枪打中了一只鸟，树上还剩几只鸟？

如小孩说：“还剩9只。”

大人便会说：“小傻瓜，枪一响，没打着的鸟也给吓跑了呀！”

于是小孩懂了：树上应该没有鸟了。

但有个小孩冒出来说：“如果有只鸟是聋子呢？它不还是在树上？”

追求唯一答案、标准答案，这是传统教育造成的定式，似乎任何事情总应有唯一的、肯定的答案。

但对于创新者来讲，只有发掘各种可能，找到更多的答案，才有更多的希望。

要是鸟的耳朵聋了，要是用的是无声手枪，要是树上有个鸟窝，那些小鸟即便吓着了它也掉不下来，要是……

创新，鼓励千奇百怪、出乎意料的“要是……”

3．心理性思维障碍

心理因素是运动着的、变化着的心理过程，包括人的感觉、知觉和情绪等，往往被称为事物发展变化的内因。人的心理因素主要有两种：积极心理因素与消极心理因素。前者是创新的动力，后者是创新的障碍。

心理性思维障碍包括：

（1）偏见与不自信。

面对某一颇受赞赏的创新事物，常常会听到这样的感叹：“啊，这是我早就想到过的呀！”研究指出：多数人在一生中都会冒出一些足以申报专利的创意，但可惜的是，这些好创意、好想法往往只是一闪而过，未被重视，也没有得到开发研究。甚至有人因为不相信自己的能力水平，害怕别人讽刺，落个笑柄，找各种理由对这些创意和想法加以否定。

（2）简单问题复杂化。

在思考的时候，人往往容易陷入简单问题复杂化的陷阱。所以，聪明人往往被简单明显的问题难住。

法国一家报社发布了一道有奖智力竞赛题：如果博物馆罗浮宫失火，在只能抢救一幅画的情况下，你会救哪一幅画？在成千上万的答案中，最佳答案是这样的："我救离出口最近的那幅画。"理由是，最佳目标不是最有价值的那个，而是最有可能实现的那个。

（3）迷信、从众、趋同心理。

英国皇家学会会徽上的铭文是："不要迷信权威，人云亦云。"法国心理学家贝尔纳说："构成我们学习的最大障碍是已知的东西，而不是未知的东西。"

鲁迅先生曾描述过一幅非常形象的场景：有人往地上吐了口痰，然后蹲下去认真地盯着看。不一会儿，另一个人也蹲下去看了起来，随后不停地有人加入，最后围成了一个大圈。突然，有人悄悄地问大家究竟在看什么，结果大家都说不知道。

盲从、一窝蜂、随大流可以做到风险小、四平八稳，但是与此同时，创新的思维也会被禁锢。

权威效应

4．诱导性思维障碍

在思考问题的过程中，受一些表象、假象、背景或心理因素的暗示、干扰，会引起误导误判，误入歧途，当然也会影响创新。

（1）惯性诱导——落入思维陷阱。

据说苏联科学家兼科普作家阿西莫夫智商达到160，思路敏捷、无所不知，可他那帮工人朋友老是跟他开玩笑。一天，有朋友在酒吧问阿西莫夫："给你做道智力题目，怎么样?""来吧。"阿西莫夫不屑地说。"好，你听仔细了，有位哑巴，到五金店买钉子，但无法说话，只好做了一个敲钉子的动作。店员看明白后，将钉子卖给了他。哑巴刚走，又进来了一个瞎子，他要买剪刀，请问他应该怎么表示?"阿西莫夫不假思索地说："这还不简单，只要这样就可以了。"他边说边用手做了一个剪刀的手势。这时，在场的人都哄堂大笑起来。莫名其妙的阿西莫夫这才明白：瞎子是会讲话的。

（2）错觉误导——眼见未必为实。

人们常说身临其境，眼见为实，似乎亲眼所见、亲身感受的就不会有假，必然可信。其实，由于背景、参照物的变化，个人的知识、经验的差异，当时的心情、视角不同等因素，眼见也未必为实。

如下图，一条斜线被两条平行线隔成两条斜线。从视觉效果上看，被隔断的两条斜线好像并不在一条延长线上，但实际上，它们是同一条直线。

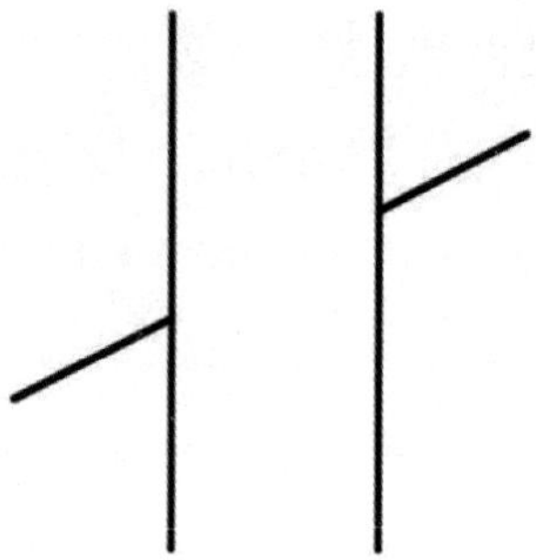

5．知识性思维障碍

突破知识的框框和约束不等于不要知识、否定知识。在知识和科技日新月异、飞速发展的时代，如果不思进取、孤陋寡闻，则不仅无缘创新，还会拖后腿、闹笑话。因此，要创新，必须突破知识性的思维障碍。

第二节 | 质疑是创新的开端

一、关于质疑

真理诞生于一百个问号之后。质疑，简而言之就是提出疑问。

质疑是“不唯上、不唯书、不轻信、只唯实”的批判精神，是最基本的科学精神，是对以前的结果、结论甚至广泛得到证实和接受的理论或事物都以怀疑的眼光进行审视。但是，质疑并不完全等同于怀疑，更不是全面否定。质疑实际上是批评地学习和探究地接受或否定，其目的是揭示以前工作的漏洞、缺陷、不完善，以获得更深刻的认知或更进一步的创新。

对于创新者来说，因质疑而发问不是时髦的表现，而是一种生活方式、一种个性、一种智慧、一种习惯。由发问而获得提示、寻找核心、抓住关键、把握方向、引导思考，是实现创新的方式。

善于质疑的人通常都有如下特点：好学善问，习惯于求知、求真；不迷信、不守旧、不从众，习惯于求异、求新；不满足于浅尝辄止，习惯于穷根究底、不断追问。

天文学家哥白尼小时候就对世界充满了好奇，经常缠着父母问这问那：太阳为什么总是从东方升起，从西方落下？晴朗的夜空有那么多星星，为什么到了白天却无影无踪了？小鸡为什么要从鸡蛋里出来，而不从母鸡的肚子里出来？哥白尼对科学奥秘的不懈探求，正是从这些稀奇古怪的“为什么”开始的。

二、如何质疑

实际上，提问也有一定的方式方法可供借鉴、效仿。

1．利用检查提问的创新技法

创新技法中讲述的设问型创新技法（参见本书第四章）就是如何发问的提示单，可以引导和帮助创新者进行质疑提问。

2．改变语式

尽量将陈述性、叙事性的语式改变为疑问语式，如：是不是、行不行、好不好、理由呢、问题呢、为什么、怎么办、否则呢、假如呢、难道是、肯定吗、合适吗，合理吗、明确吗、真实吗、可信吗、为什么不、如果……会怎样等，从中发现问题线索。

3．从不同方向去问

正向发问：内容清楚、论据充分吗？合理性、充分性、可信度怎样？接下去会怎样？

逆向发问：否则会怎样？反过来、倒过来行不行？

侧向发问：有无别的方式？可否补救？有无其他作用？

推测发问：以“如果、假如”形成推测和引导性的问题。

4．从不同层次去问

求真型发问：是什么——了解事实，探究真相；为什么——寻找原因、根据；怎么办——寻找思路、方法；结果呢——对后果的评估判断。

求疑型发问：是不是、会不会、能不能、好不好、否则、假如。

求新型发问：怎么变革、改进、完善、发展、更新、颠覆。

5．跟踪追击式发问

究竟是什么，其实质、其内涵是什么；难道就是这样，有什么未知、奇异、模糊之处，会不会变化；否则会怎样，为什么如此，肯定吗；有何关联，如何关联，有什么借鉴与启示，有何相关影响、来龙去脉；现实意义是什么，有什么用，怎么用；有什么问题和不足，怎么办，如何处理，能否改进和提升；换个角度、换个角色再考察，有什么不同，反过来会怎么样，有没有别的思路和可能。

第三节 | 发散是创新的法宝

一、发散与发散思维

1. 发散思维的概念

这是一个古老的谜语："小时候四条腿，长大后两条腿，老了则三条腿。"大家不停地猜这是什么，也许是动物——青蛙、袋鼠、穿山甲、大象；要不就是一种用品——毁坏了的椅子、改装了的自行车、特殊的汽车；还可能是人——滑雪运动员、动画中的人物、成长中的人；另外可能是机器人、步行机、深海探测器、宇宙开发装置……

这种多向探索、尚无定论的思维方式就是发散思维。发散思维又称开放思维、放射思维、多向思维、扩散思维或求异思维。

发散思维是大脑在思维时呈现的一种扩散状态的思维模式，比较常见。它表现为思维视野广阔，思维呈现出多维发散状。可以通过从不同方面思考同一问题，如一题多解、一事多写、一物多用等方式，培养发散思维能力。

2. 发散思维的作用

发散思维就是从四面八方想开去，探寻尽可能多的方法、途径、答案。其作用如下：

（1）突破框框：发散是对唯一答案、标准答案、直线思维、定势思维的突破。

（2）开发潜能：发散是对事物的潜在功能的深度开发，以人尽其才、物尽其用。

（3）多多益善：俗话说，即便是蹩脚的射手，枪打多了也总会有中靶的机会。

3．发散思维的特性

（1）流畅性：指观念的自由发挥，是机智和敏锐的反映。

（2）变通性：善于突破固化思维的束缚，是灵活和机变的反映，以多样和类别为特征。

（3）独特性：是与众不同、别出心裁的反映，是发散思维的最高层次。

（4）多感官性：发散性思维可以由人体各个感官参与接收并加工信息，同时还受情感情绪的影响。激发兴趣、产生激情，会提高发散思维的速度与效果。

4．发散思维的方法

发散思维的训练可以从这样八个方面进行：

（1）材料发散。

针对某一材料，找出它的各种用途。如报纸、回形针、玻璃杯、废罐头、竹子、塑料薄膜等。

针对需要，找出各种适用性材料。如做衣服可以用布、皮革、人造纤维、草、叶子等。

（2）功能发散。

功能获得：怎样照明、怎样取暖、怎样降温、怎样给衣服去污、怎样休息、怎样通风等。

功能利用：照明、降温、通风等有什么作用。

如“清除”这一功能的发散如下：

清除设备：橡皮擦除字迹、锄头除草、车拉走泥土等；

家用电器：吸尘器吸去灰尘、洗衣机洗去衣服油污等；

清洁剂：清除玻璃、汽车、锅炉、暖壶等的污垢；

服务行业：清洁工清除垃圾、养路工清除路障；

自然事件：秋天赶走炎热的夏天、瘟疫使人远离。

（3）结构发散。

对于某一简单结构，添加些什么能使之成为有意义的事物？如文字生成：对“口”字、“三”字添加两笔能生成什么字？

（4）形态发散。

以事物的形状、颜色、音响、气味、味道、明暗为发散点进行发散，如红颜色可做信号灯、旗帜、墨水、纸张、标记、领带、袖章、封面、球、印泥、灯笼、唇膏、人造花等。

（5）组合发散。

以某事物为主体，发散思考它能与哪些事物进行组合，如汽车可以与垃圾箱、冷冻冷藏、X 光机、手术室、抢救室、消防、通信设备、喷药等组合成各种专用车。

（6）方法发散。

一法多用：对同一方法扩散其用途。如吹风机可以吹头发，也可以吹干衣物等。

一技多法：找同一方法的多种来源。如升举，可借助于人力、机械、大象鼻子、气压、浮力、升力、气球、千斤顶、升降机等。

（7）因果发散。

寻找事物变化的原因。如杯子碎了可能是因为质量不好、开水太烫、猫闯的祸、地震了、小孩摔的等。

探求事物变化的结果。如为什么会出现空气污染、人口老龄化等。

（8）关系发散。

探索互相间的联系、互相间的影响。如人吃蛇是美味；蛇咬人，人却会中毒。

二、想象与想象力

1．想象的概念

想象是思维主体运用已有的形象形成新形象的过程。通俗的解释就是，想象是用大脑感知展现眼前未必存在的事物的能力。

形象思维并不满足于对已有形象的再现，更致力于追求对已有形象的加工，从而获得新的形象。所以，想象使形象思维具有创造性的优点。这也说明了一个道理：富有创造力的人通常都具有极强的想象力。

爱因斯坦说："想象力比知识更为重要，因为知识是有限的，而想象力概括着世界上的一切，推动着进步，并且是知识进化的源泉。严格地说，想象力是科学研究中的实在因素。"

2．想象的分类

想象可以分为无意想象和有意想象。梦就是无意想象。有意想象包括以下几个方面：

（1）再造想象：依据言语、文字、图形的描述产生的想象。

（2）创造想象：独立作出的想象，如鲁迅创作的阿 Q。

（3）幻想：从现实指向未来的想象，如凡尔纳的小说、《星球大战》。

3．想象的特性

（1）形象性、直观性：有鲜明可视的样子，一目了然。

（2）灵活性、多样性：同一题材可以从不同角度作多种想象，如一个圆圈可以想象成太阳，也可以想象成皮球、圆饼、圆环……

（3）跨越性：想象不受时间和空间的影响，可以想象历史人物或太空人……

（4）创造性：想象源于现实而又超越现实，是发明创新的先导。

4．想象的条件

丰富的想象力需要以丰富的知识经验为素材，但又要抛开知识经验、不受它们的局限束缚。比如，你祖父的祖父绝对无法想象智能手机会给生活带来怎样的变化。而天真无邪的儿童却有着出奇的想象力——未来电脑能干什么？孩子说：能翻译猫、狗在说什么话，能知道我做了什么梦，能带我去看天上的星星，能识破大坏蛋……

5．想象力的训练

（1）图形想象——对某一简单的图形，想象有哪些东西与其相像。以下图为例，边观察边想象，就会看出许多东西来。例如：扔在地上的乱毛线、晾晒的面条、一个不懂事的孩子在墙上乱涂乱画留下的印痕、一个鸟巢、地上的水迹、溜冰鞋的冰刀在冰上留下的痕迹、一撮剪下的乱头发、扔下的干草等。

（2）图形生成——在给定的简单线条的基础上，添枝加叶形成一幅画。如给一根竖线条，可以画成一个气球，也可以画出一面旗帜。还可以利用给定的简单图形进行组合，使之成为一幅画。

（3）形象表达——以“画”来表达“话”。如大多数漫画都是用人物形象或者物体形象来表达特定的话语。人们要看懂漫画，就需要一定的想象。

（4）符号语言——利用简明的图形来表达某种含义，如各类禁止标识。

禁止拍照

禁止吸烟

（5）图画想象——猜疑活动。如针对下图，一个小男孩低着头双手捂头，作以下三种想象：

质疑——尽量问与该图有关的问题：为什么头低着、为什么两手捧着脑袋、为什么头发这么乱……

穷因——尽量猜测各种可能的原因：或许是不舒服了、挨批评了、玩累了……

究果——尽量列举可能产生的各种后果：老坐着会挨骂、会受凉、会舒服一些……

（6）故事续尾——给一段故事加上适当的结尾，越新奇越好。如小龙骑上新自行车，高兴地炫耀车技。他双臂抱在胸前，说：“妈妈，看！我不用手。”之后，他又将双脚翘起，说："妈妈，我不用脚!"突然，一只小狗窜到车前，小龙避让不及摔倒了，爬起身来一摸，门牙没了！此时，小龙对妈妈说……

（7）假想与幻想——可以提出一些假设，然后对其自由想象，如克隆技术失控了，到处是克隆人，会怎样；如果3D打印走进了车间，现在的生产会产生什么变化；你认为未来的智能制造会是怎样的景象；如果基因技术真的能使人活到1200岁，你会怎么样；假如你又回到了童年；等等。

（8）情景想象——类似于无声电视，即针对一些画面情景进行想象。如中央电视台做过一个游戏：先播放一小段无声录像，让大家看了后想象其情节，并为之配音。录像内容是一个小伙子捧着鞋盒到一个鞋柜前，跟一位年轻的女服务员在谈些什么。女服务员爱搭不理不怎么耐烦。男青年便指着女服务员胸前挂着的优秀服务员标牌，又指指墙上的服务公告后又说了些什么。女服务员显得一脸不屑。男青年终于急了，激动地说了几句后便离开柜台，走了几步后又回来将鞋盒往柜台上一放，气呼呼地扭头离去……

我们试想他们在说些什么，为什么事争执，鞋盒内装的是什么，能否有出人意料的可能?

（9）实物想象——大自然是最好的老师。大自然提供了很多可供想象的素材，如云彩、景观、奇石等。那些形状奇特、色泽瑰丽、纹理别致的石头就成为具有观赏、收藏价值的赏石。人们可以通过自己的想象，把石头想象成各种物品，这也就形成了赏石文化。

三、联想与联想力

1．联想的概念

联想就是由此及彼的想象。任何事物都有其内在的关联性，如能将风马牛不相及的事物通过合理的想象联系起来，那么就可能会发现许多机会，获得很多启迪，这对提高创新能力非常有用。

2．联想的法则

联想的基本法则有四个，如下图表示。

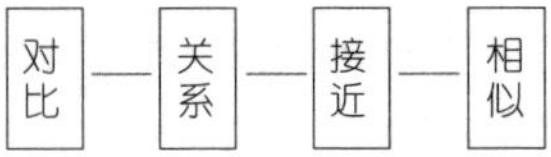

（1）对比联想：从相反的角度引起的联想。如白与黑、大与小、热与冷、善与恶、外与内、上与下、天与地、硬与软、快与慢等。

（2）关系联想：从事物之间互相的联系或影响所引发的联想。如由太阳想到了白天、温暖、光明、生命、绿色、能量、恒星等；由屠呦呦想到了科研、中草药、疟疾、老专家、医生、颁奖等；由书想到书店、智慧、印刷、出版、作家、收藏、礼物、科学、艺术、知识、黄金屋、颜如玉、老师、学生等。

（3）接近联想：由在同一特定时间段或特定空间会相伴

出现的事物所引起的联想。如由国庆节（时间接近联想）就会想到鲜花、演出、游行、庆祝会、商场促销、彩灯、彩旗、礼花、美食、集会等；由飞机场（空间接近联想）便想到飞机、保安、空姐、行李、咖啡、礼物、警察、轿车、手机、鲜花等。

（4）相似联想：指由性质或形式上类似的事物引起的联想。如由石头投入水中产生水波的现象产生了相似联想，由此创建了声音的波形传播学说；电报发明人塞缪尔·莫尔斯研究电报如何越洋传递时，看到拉车的马匹在驿站被换下来而联想到建立电报中继站进行接收、放大再传递，以接力方式传向远方。

四、全脑开发，多用左手

1．斯佩里教授的贡献

一个人的左右半脑是有明显分工的——美国的罗杰·W.斯佩里教授的这一成果使他荣获1981年诺贝尔生理学和医学奖。

人类的大脑由大脑纵裂分成左、右两个大脑半球，两半球经胼胝体，即连接两半球的横向神经纤维相连。大脑的奇妙之处在于两半球分工不同。美国斯佩里教授通过割裂脑实验，证实了大脑不对称性的“左右脑分工理论”：左脑为抽象思维中枢，右脑为形象思维；左右脑对人体作交叉控制，左脑控制右半身，右脑控制左半身。

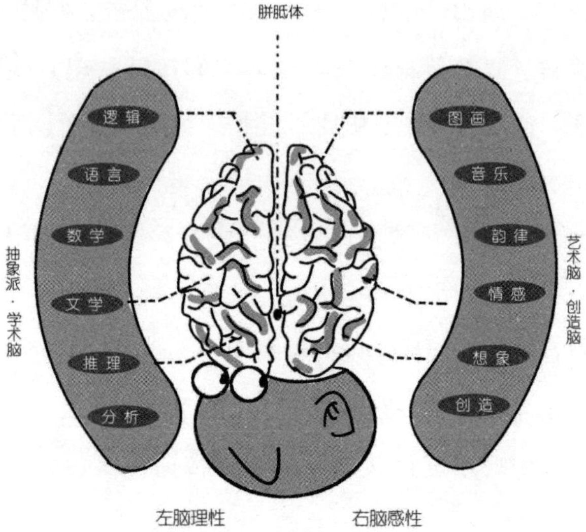

左右脑功能图

2. 加强右脑开发

(1) 创造、创新的第一步是想象，同时在创造与创新过程中，离不开形象思维的参与，这些都是右脑的强项。同时，右脑的记忆存储能力也远远高于左脑。

(2) 传统教育偏重于知识的传授，强调集中思维（判断、推理）、理性认识（言语、理论）以及分析等能力的培训，即左脑教育。

(3) 对于正常人来说，大脑左右两半球的功能应该是均衡和协调发展的，既各司其职又密切配合，二者相辅相成。强调右脑开发是对传统教育的纠偏，目的是从整体上开发大脑。

3．多用左手

注重右脑开发的专家都认为，左手的闲置是人类自身能力资源的巨大浪费，多动左手是开发右脑最简单有效的方法。在日常生活与工作中，有意识地多用左手来代替右手做事，如取物、扣扣子、梳头、开关门、做家务等，坚持并逐步养成习惯。毋庸置疑，加强左手（包括左侧肢体）的使用和运动，对大脑皮层产生良性刺激，有利于右脑开发。

第四节 | 求异是创新的奇兵

俗话说：狗咬人不是新闻，人咬狗才是新闻。所谓求异思维，是指有创见的思维。它与众不同、独辟蹊径、出奇制胜。求异思维是从所给的信息中产生信息，从同一来源中产生各类为数众多的输出。据此，求异思维要求人们在审题、立意构思的整个思维过程中，突破常规思维的约束，使思维沿着不同方向、不同角度扩散，得出不同一般的结论。

一、两难问题的第三种思考

在现实世界中，有时会出现一种左右为难的问题，顾及了左方就损害了右方，反之亦然，似乎除了执中而外就无路可走。于是，一种既不往左又不向右的方向便是第三种思路。

武钢热轧的降噪处理

武钢热轧厂曾是集团50%的产值贡献者。他们曾经遇到过一个降噪难题：其自动生产线上有两个空气喷嘴，用来吹除热轧钢板上的氧化皮等渣子。由于气压很高，它们发出十分刺耳的强噪音。这个问题多年未解决。噪声专家认为：因为空气压力大，高能量释放自然会产生噪音，要降噪就需要预先降能——如用膨胀法、阻尼法、迷宫法等。但高压空气能量降低后，吹除渣子的功能也会相应降低，即“要降噪就吹不动、要有劲就乱叫”。

这个问题的解决便用到了求异思维：人耳能听到的声波的频率范围在20Hz— 20000Hz，可以只改变其发声频率，使其转向超声波区，不降低能量，便可让喷嘴照叫不误而人听不到。果然，据此设计的空气喷嘴使现场噪声陡降了二十多分贝。这一设计也得到了冶金系统技术改造评比的表彰。

二、求异要则——解决问题的关键在问题之外

可以先做一个小测试：三条腿的桌子上有四个玻璃杯，一枪最多能打破几个？稍加思考即可发现，桌子是三条腿，那么，只要打断一条腿，桌子便会倾倒，同时，杯子全部落地摔碎。突破就事论事、机械处理问题的常规常识而独辟蹊径就是

求异。求异的思路有多种，具体要则如下：

1．重点转换

俗话说：有心栽花花不开，无心插柳柳成荫。在科技创新中常有这样的现象，原定的目标久攻不克，而偶然冒出来的现象却导致重大成果的诞生。

视|野|延|伸

种豆得瓜的发明

1856年，在英国皇家化学学院有机化学家霍夫曼院长的实验室里，18岁的研究生帕金正在进行着合成抗疟疾特效药物金鸡纳霜（奎宁）的工作。由于当时药物化学的理论和实验基础尚不够完善，帕金只有通过大量的实验进行不断摸索。一天，烧瓶中出现了一种沥青状的黑色残渣。帕金想用酒精来清洗烧瓶，结果发现：黑色物质被酒精溶解成了漂亮的紫色。“为什么不用它做染料呢？”帕金突发奇想。

于是，世界上第一种人工合成的化学染料苯胺紫因此而问世。帕金虽然没有制造出奎宁来，却获得了合成苯胺紫的发明专利。

2．问题转换

当一个问题难以解决时，可试着将问题转移，变成与之相关的另一个问题，甚至是想法相反的问题，然后集中精力来思考解决。一旦新问题得到解决，原来的老问题也不复存在了。

视|野|延|伸

汽车防盗新技术

汽车被盗是常见的问题。为此，许多发明家都动了不少脑筋，研制发明了各种防盗的锁具与报警装置，但这些技术不久便会被盗贼们破解。一位技术人员突发奇想，既然防不胜防，那就不去设防，让小偷去偷，只要车被偷后主人能找到它就行。于是，他从发明防盗装置改为发明寻找车踪的装置。

据此思路，一种车装信号发送装置问世了。技术人员将它隐藏于汽车的某一部件。一旦车子被盗失踪，警察局的电脑就能启动该装置。在五公里范围内，一部带有跟踪设备的警车很快就能将车找回来。

3．反向思考

顾名思义，反向思考就是不同于常规习惯的思路，是从相反的角度或切入点进行思考。世界第一台产品化的永磁式交流接触器在河南松峰电气诞生，其创新思路就是反向思考。

视|野|延|伸

永磁式交流接触器的发明

传统的电磁交流接触器工作原理：利用通电线圈使铁芯产生磁场和电磁力，使接触器触头由释放位置转向吸合位置。此后，吸引线圈必须始终通电才能维持电磁力以保证触头的持续闭合。

永磁式接触器工作原理：反传统地以永磁体吸合接触器触头来保持接触状态，在接触器联动机构上安装软磁铁，利用磁极的同性相斥、异性相吸的原理，对软磁铁按需输入正反向脉冲电流使之产生不同的极性，以此实现主触头吸合与释放的目的，之后无须供电，靠永磁力来保持触头的吸合状态。

由此发明的永磁式交流接触器彻底克服了传统产品的先天性技术缺陷，不但在国内开创了节能环保的先河，在国际上亦处于绝对领先地位。其显著优势是：可靠性好，不受网电压干扰；节电98%以上；独具延时释放功能；无升温、无噪声、不打颤；寿命提高3—5倍。

4．侧向思维

侧向思维是旁门左道、另辟蹊径的第三种思路，既不是正面的顺向思维，也不是反面的逆向思维。诸葛亮的空城计就是在司马懿兵临城下时，既不正面抵抗退敌，又不快速弃城撤退，而是设计了一个计谋，让强敌不战自退。

第三章

畅想型创新技法

人们往往将一个人拥有的东西称为财富，其实他真正的财富是获得这些东西的方法。

第一节 | 创新技法的产生与发展

一、创新技法综述

纵观古今中外，人类不断地对创新创造的原理、规则、方法及其应用加以探索和研究，认识到“对于发明、创造、创新来讲，同样有规律可循，有方法可用”。创造学或创造力开发研究已被大家关注和重视。至今，国内外创造学家已总结归纳出了三百多种创造技法，常用的有上百种。

创造技法在美国被称为创造力工程，在法国被称为创造工程技术方法，立意发想技法，在日本被称为创造工程学、发想技法，在俄罗斯被称为创造力技术、专家技术等。从内容上看，以美国为代表的欧美创造技法，着眼于调动主体积极的心理活动等难以量化把握的创造技巧，更注重开发人右脑的非逻辑思维功能；以苏联为代表的发明方法，着重对客体（发明物）和客观规律进行研究，提出逻辑性更强的理论，更重视发挥左脑的逻辑思维方法的作用。

二、创新技法在中国的发展

被誉为创造工程之父的亚历克斯·奥斯本因总结广告设计中创意产生的机制，在 1938 年提出了“头脑风暴法”，并成功地应用于实践。为普及这一开发创造力的技法，奥斯本撰写了一系列著作，如《思考的方法》（1941 年）、《所谓创造能力》（1948 年）、《实用的想象》（1953 年）等，建立了系统的理论基础，并深入学院、社会团体和工厂企业，组织培训推广，继而向各类大学、产业界、联邦政府普及，在美国形成了一个开发创造力的热潮。奥斯本成了创造工程的奠基人。

从 20 世纪 60 年代起，台湾开始引进创造工程与技法，并进行充实与发展，如陈树勋的《创造力发展方法论》（1969 年）、纪经绍的《价值革新与创造力启发》（1977 年）等。

20 世纪 80 年代初，创造学走进大陆。其中，许立言在《科学画报》介绍了创造技法，中国发明创造者基金会、中国预测研究会组织翻译了 30 余部 500 多万字的《发明创造丛书》。此后，行业、地方及全国性的创造学研究团体、学会相继成立，如中国创造学会、国防科技工业系统创造力开发研究组等。同时，一些学者提出了有中国特色的创造技法。30 多年来，大量创造与创新学研究方面的著作出版，其中不少是关于创新技法的专著。

2008 年 4 月 23 日，国家科学技术部、国家发改委、教育部、中国科协联合发布《关于加强创新方法工作的若干意见》的通知（国科发财〔2008〕197 号）。通知提出了如下意见：

（1）重点：自主创新、方法先行，创新方法是自主创新的根本之源。

（2）原则：政府引导、多方参与，试点先行、稳步推进，立足国情、注重实效。

（3）对象：面向企业、科研机构、教育系统三个群体。

（4）内容：大力推进科学思维、科学方法、科学工具的发展。

（5）任务：

·培养创新精神，营造创新氛围，加强科学思维，探索创新方法；

·积极营造良好的创新环境，形成全社会关注创新、学习创新、勇于创新的良好社会氛围；

·加强科学思维培养，大力促进素质教育和创新精神培育；

·加强科学方法的研究、总结和应用；

·大力推进技术创新方法应用，切实增强企业创新能力；

·着力推进科学工具的自主创新；

·推进创新方法宣传与普及；

·积极开展国内外合作交流。

（6）要求：

·创新教育从“娃娃”抓起；

·培养创新工程师；

·将科学思维、科学方法和科学工具的创新作为重要的考核指标。

从此，我国政府相关部门开始将重视创新、培育创新作为一项重要工作来抓。

第二节 丨 典型畅想型技法——智力激励法

畅想型的技法是以一定的会议形式给与会者创造一种能积极思考、启发联想、大胆创新的良好环境，充分激发各类人的才智，为解决问题提供大量的新颖设想。

现代科学技术发展史表明：每一项技术革新或科技成果大多是先有一个创造性设想。一般来说，创造性设想越多，发明的方案也越多，成功的可能性也越大。俗话说："三个臭皮匠，顶个诸葛亮。"一组人员通过开会的方式，相互启发、相互激励、相互补充，在短时间内极大地发挥各自的创造力，引发连锁反应（共振效应），从而产生尽可能多的创造性设想。

智力激励法是典型的畅想型技法，又名头脑风暴法、脑轰法、畅谈会法、群议法等。此法是由亚历克斯·奥斯本发明，最初用在激发广告创意上，是世界上最早付诸实践的创造技法。它适用范围广、易于普及。其要义是：信息互补、联想反应，无拘无束、热情感染，竞争激励、活跃思维。

一、基本原则

1. 自由畅想原则

自由畅想主要是指要敞开思想，不受任何束缚，从多种角度去考虑问题；独立思考，畅所欲言，敢于提出似乎荒唐可笑的看法；抛开任何清规戒律，想到就说。

2. 延迟批评原则

延迟批评原则要求在会议过程中，对任何人的发言不加评论。自谦性的表白、否定性的批判以及肯定性的赞语都被禁止，如“这根本行不通”“这个想法已经过时了”“你的高见真绝”“我水平有限”“想法很不成熟”等。

3. 以量求质原则

要求多多益善，尽可能地多收集畅想方案。每 100 个设想中，总有可取的；每 1000 个设想中，总有优秀的；每 10000 个设想中，总有非凡的、杰出的、伟大的。以量求质、多种选优。

4. 综合改善原则

“综合就是创造。”奥斯本曾经指出：最有意思的组合大概是设想的组合。通过对会议收集的众多设想进行分析、综合和改善，可以获得有价值的方案。

5. 限人限时原则

会议人数以 5—10 人为限，会议时间则为 0.5—1 小时。

二、组织形式

（1）主持人：由对所议问题熟悉、了解，善于启发诱导，能平等待人、掌握原则的人担任。

（2）参加人：要求参加者的水平、职位相近，主要是与所论问题相关的人员，也可吸收个别外行（但要求知识面广且思维灵活的人）。

（3）记录员：会议的记录者，不计在正式会议参加人之列。

三、实施步骤

1．准备阶段

含产生问题，组建小组，通知与会者会议的内容、时间、地点。特别说明：在会议通知中附加提示单，列出几个能引导与会者进行畅想的思路与例子。

2．热身活动

会议之前安排：小游戏、小活动、唱歌、跳舞、听音乐、讲故事等，以使与会者摆脱干扰，尽快进入“角色”。要求内容多样，不拘形式。

3．明确问题

先由主持人介绍问题，再让与会者用不同的方式来重新表述问题（拟用“怎样……”的语式表述），以加深对问题实质的理解。

4．自由畅谈

按照会议原则，针对上述确定的问题进行畅谈。集中目标、畅所欲言、多多益善。

5. 加工整理

会后的第二天，再次收集与会人员在会后产生的新设想，然后对全部设想进行整理、评价及归纳综合。

视|野|延|伸

畅想型技法示例

1. 主持人宣布议题

议题：现有一支大部队在没有桥和船的情况下要过河，需要过河的不仅有众多的人员，还有满载货物的车辆，请大家提出设想。

与会者提出的设想有：

(1) 找船或扎木筏；

(2) 架桥；

(3) 试试能不能蹚水过去；

(4) 游过去；

(5) 联系飞机；

(6) 从河底下挖隧道；

(7) 往上游走，从河的源头绕过去。

2. 主持人引导

水深蹚不过去；只有少数人会游泳；没有飞机；从源头绕过去和挖隧道在时间上来不及；扎木筏和架桥的材料可以解

决。另外还有一个情况，白天有敌机侦察，请大家继续发表意见。

与会者继续提出设想：

(1) 白天隐蔽起来扎木筏和准备架桥的材料。

(2) 造桥要花很多时间，天黑下来开始架桥，待桥造好后不可能剩下很多时间，人多、车多无法全部过去。

(3) 为了防止天亮后已架好的桥被敌人侦察到，设想桥可以造在离水面不太深的水下。

3．主持人补充说明

在今天晚上，天一黑下来就要有一部分人员先过河去执行任务，并且要携带一批不能浸水的器材。经测量，水流很急，木筏撑不过去，人游过去也很困难。

与会者又发表设想：

(1) 派一两个人在木筏上撑篙掌舵，一部分不会游泳的人带着器材乘在木筏上，另派一部分水性好的人下水推木筏，这样可以过去。

(2) 准备一根长绳，派一名水性特别好的人把绳子的一端系在腰上游过去，过河后往上游走，在彼岸适当的地方找一块巨石或一棵大树，把绳子拴在巨石或大树上。绳的另一端则绑在此岸的巨石或树上。在绳子中间适当部位绑上木筏。这样只要在此岸解开绳子，木筏就会自动漂过去（见下页图）。

主持人看到时间差不多了，与会者也表示没有什么新的

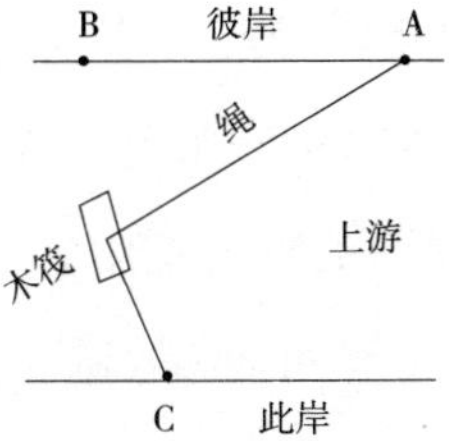

设想，于是宣布散会。

4．设想的评议

智力激励法一般分两个阶段进行，以上是第一阶段。第二阶段是对设想召开评议会议，目的是使设想成为有实施价值的具体方案。

在主持人宣布第二阶段评议会议开始后，与会者对第一阶段的设想发表了如下看法：

(1)为防止敌机侦察，把桥架在水面以下是好办法，但要确切掌握过河车辆允许的浸水高度，以防车辆熄火。

(2)在河的彼岸A点缚一根绳子牵住木筏是一个好主意，这个绳子的长度应大于AB+BC之和，并留有适当的余地，要考虑到BC是一段圆弧。

会后由主持人决策实施。

四、适用的主要问题类型

智力激励法主要适用于开放性问题。如：

(1) 关于产品或市场的新观念预测——新的消费观念、未来市场的畅想。

（2）管理问题——降低消耗、提高效率、优化组织。

（3）新技术的商品化——如何开发一项可取得专利权的新发明，新技术、新材料的扩大应用。

（4）故障检修——预测可能的故障、潜在原因及其应对措施。

下面两表给出了适合与不适合头脑风暴法的问题：

适合头脑风暴法的问题

问题类别	适合的理由	问题列举
产品的新观念、销售的新方法	需要从具有不同经验的人那里获取大量的建议	1. 某种材料的新用途 2. 老产品可以做什么新变化 3. 分析00后用户的新观念
排忧解难与计划	急需获取大量的主意，需要寻找许多可能原因	1. 实行新方案可能会遇到的问题 2. 预测某种新科技带来的冲击
管理的问题	需要各单位人员毫无顾忌地各抒己见	1. 改进工作的安全措施 2. 减轻库存积压的损失
程序改造	征集多种建议可以综合应用	如何适应个性化制造

不适合头脑风暴法的问题

问题类别	不适合的理由	问题列举
只有一个或少数几个可行答案	问题并非开放式的	由谁出任公司的董事长
问题笼统不明确、范围太宽	会产生许多大而无当的解答	企业如何开源节流
高科技的问题	须靠有类似经验的专家来解决	如何改变化学成分来改善机械性能
操作不可能	明显脱离实际或违章	采用机加工方法来代替化学处理

五、效果

实践表明，在1小时左右的智力激励会议中，经常可产生60—150个设想，比一般会议要多70%，其中不乏有创意的良策。

美国丹佛市一家邮局领导召开12个人的智力激励会，研究如何节省劳动时间的问题。参会者在半小时内提出了121条设想。据追踪报道，其中有些设想通过9个星期的实验，节省了12666个工时。

日本创造学家志村文彦将智力激励法用于企业的技术革新，在1年中使日本电气公司获得58项专利，降低产品成本达210亿日元。

在中国机械冶金工会举办的一次合理化建议和技术革新工作研讨班上，学员们运用智力激励法思考未来的电风扇。36个人在半小时内提出173条新设想，其中典型的设想有：带负离子发生器的电扇、全遥控电扇、智能式电扇、理疗电扇、驱蚊虫电扇、激光幻影式电扇、催眠电扇、变形金刚式电扇、熊猫型儿童电扇、老寿星电扇、解忧愁录音电扇、恋爱气氛电扇、去潮湿电扇、衣服烘干电扇、美容电扇、木叶片仿自然风电扇、解酒电扇、吸尘电扇、笔记本式袖珍电扇、太阳能电扇、床头电扇、台灯电扇等。

第三节 | 智力激励法的改良模式

智力激励法在使用过程中根据不同情况作了一定的改变调整，形成了多种改良模式。

一、行停法——发言与思考交叉进行

行停法就是一组人畅谈和分别思考间隔进行，流程如下：

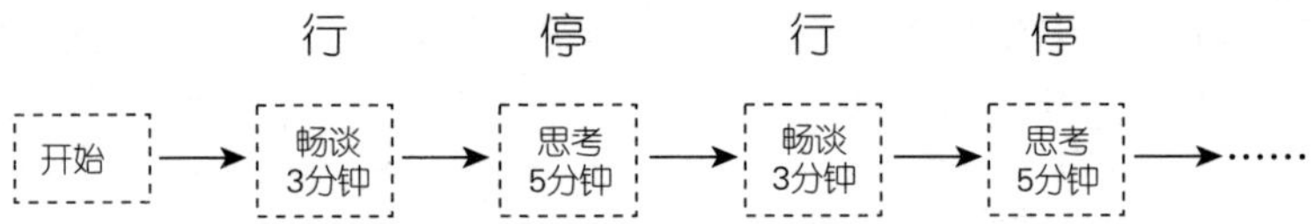

二、635 法（循环法、卡片法）

此法由 6 个人参加，每人在 5 分钟内提 3 个设想，写在卡片上，之后交给左侧邻座。在第二个 5 分钟内，在别人的设想启发下每人再提 3 个设想，写在卡片上，之后再交给左侧邻座……如此循环往复。

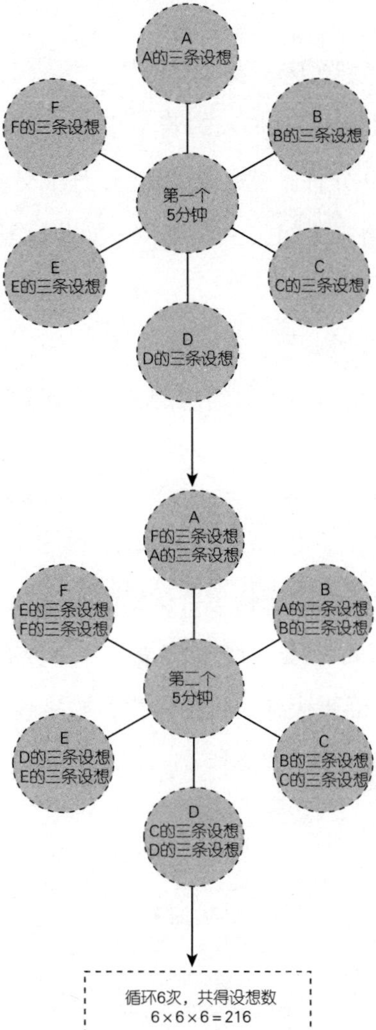
A
A的三条设想
B
B的三条设想
C
C的三条设想
D
D的三条设想
E
E的三条设想
F
F的三条设想
第一个
5分钟
A
F的三条设想
A的三条设想
B
A的三条设想
B的三条设想
C
B的三条设想
C的三条设想
D
C的三条设想
D的三条设想
E
D的三条设想
E的三条设想
F
E的三条设想
F的三条设想
第二个
5分钟
循环6次，共得设想数
6×6×6=216

三、大小会议法

将一个大组分成5—8人的若干小组。各小组按智力激励法的方式畅谈10分钟，然后在大组会上作交流；再分各小组畅谈10分钟，再在大组会上交流……如此反复3—5次。

四、奇思幻想法

此法特别鼓励与会者以幻想的方式提出近乎荒诞的设想。

比如，新颖经营理念畅想会提出的幻想：顾客想要什么就有什么；不花钱可享受“免费午餐”；变赏心悦目为恐怖可怕；野蛮服务、混蛋服务；价格多少，顾客说了算；你我不分家、共用共享等。

第四章

设问型创新技法

苏格拉底说：问题是接生员，它能帮助新思想诞生。

第一节 丨 设问型技法的原理特点

一、创新首先需要发现问题、提出问题

经验证明，发现问题与提出问题等于成功了一半。巧妙的设问可以启发想象、开阔思路、引导创新。

设问型技法实际上就是针对所关注的对象，提供一份能突出重点、抓住关键、引导思考的提纲，按此逐项对照着去思索，摆脱主观的局限和习惯性思维束缚，从各个角度较为系统、周密地进行思考，有效探求较好的创新方案。

根据创新对象和创新要求的差异，设问的重点（着眼点）也有不同的选择，比如以问题、特性、优缺点等为重点进行设问。

二、设问型技法的特点

设问型技法是在分析如何成功解决问题的思路基础上，总结归纳出思考问题应该把握的核心和方向，并以提问的方式引导思考。其主要特点是：

1．以提问的方式寻找创新的途径

设问型技法的首要特点是对事物带有普遍意义的方面进行

提问，所以它的应用范围很广，不仅可用于技术上的产品开发，还可用于改善管理等范畴。

2．多角度、多方向地提问

从不同的角度、多个方面来进行设问检查，思维变换灵活，利于突破框框，如奥斯本检核表法。此法属于发散性思维，在探讨解决方案之前，先多角度地考虑对问题的种种看法，以得到各种不同类型的答案。

三、设问型技法的适用范围

自奥斯本的检核表法诞生以来，设问型技法在实际应用中深受欢迎，多种不同的设问检查型创新技法也相继产生。这些方法几乎适用于各种类型与场合的创造创新活动，帮助人们突破思维与心理上的局限障碍，从多方面多角度引导创新思路，让人们产生大量的创造性设想。运用设问型技法在实践中取得成功的例子不胜枚举，且不同的设问自身就能拓展延伸为某种专项技法。

设问法对于群众性的合理化建议活动，技术上的小发明、小革新是非常适合的，也可以与智力激励法等其他技法联合运用。如果要解决的问题较大，借助本技法也可使问题明确化，从而缩小目标，找到问题的关键所在，有针对性地解决。

第二节 | 典型设问型技法
——奥斯本检核表法

检核表法，又称为稽核表法、对照表法、分项检查法等。奥斯本创造的检核表原有 75 个问题，其内涵丰富、适用面广，被称为创造技法之母。

一、奥斯本检核表法概述

奥斯本检核表可归纳为九组提问：

（1）能否他用——现有的事物（包括材料、方法、原理等）还有没有其他的用途，或者能否稍加改造扩大它们的用途。

（2）能否借用——现有的事物能否借鉴移植别的思路与技术，能否模仿别的事物，怎么模仿；现有的发明创新能否引入其他方面的创新成果。

（3）能否改变——现有的事物能否作适当的变化，如改变颜色、味道、声响、形状、型号等。

（4）能否扩大——现有的事物能否扩大，增加一些东西，延长时间、长度，增加寿命、价值、强度、速度、数量等。

（5）能否缩小——现有的事物能否缩小，取消某些东西，使之变小、变薄、减轻、压缩、分开、流线化等。

（6）能否替代——现有的事物有无代用品，以别的原理、别的能源、别的材料、别的元件、别的工艺、别的动力、别的方法、别的符号、别的声音等来代替。

（7）能否调整——现有的事物能否作适当调整，如改变布局、改变型号、调整计划、调整顺序等。

（8）能否颠倒——现有的事物能否从相反的角度重新考虑，能否正反颠倒、上下颠倒、主次颠倒、位置颠倒、作用颠倒等。

（9）能否组合——现有的事物能否加以适当组合，或作原理组合、方案组合、材料组合、部件组合、形状组合、功能组合、目的组合等。

在以上所列的九个提问中，有七项是本书随后几章中讲述的相应技法，在此仅就“能否扩大”和“能否替代”两项进行讲解。

视|野|延|伸

按照检核表的提示进行杯子的创新开发

序号	检核问题	创新思路	创新产品
1	能否他用	用于保健	磁化杯、消毒杯、含微量元素的杯子
2	能否借用	借助电技术	智能杯—会说话、会作简单提示

续表

序号	检核问题	创新思路	创新产品
3	能否改变	颜色变化，形状变化	变色杯——随温度而变色 仿形杯——按个人爱好特制
4	能否扩大	加厚、加大	双层杯——可放两种饮料 安全杯——底部加厚不易倒
5	能否缩小	微型化、方便化	迷你观赏杯、可折叠便携杯
6	能否替代	材料替代	以钢、铜、石、竹、木、玉、纸、布、骨等材料制作
7	能否调整	调整其尺寸比例、工艺流程	新潮时尚杯
8	能否颠倒	倒置不漏水	旅行杯——随身携带不易漏水
9	能否组合	将容、量器具，炊具，保鲜等功能组合之	多功能杯

二、奥斯本检核表法——能否扩大

奥斯本指出，在自我发问的技巧中，研究“再多些”与“再少些”这类有关联的成分，能给想象提供大量的构思线索。巧妙地运用加法和乘法，便可大大拓宽探索的领域。

1．附加功能

以补充、添加辅助功能来达到扩大目的的思路。如在两块玻璃中间加入某些材料，可制成防碎、防震、防弹的新型玻璃；牙膏中掺入一些药物，可制成具有防酸、脱敏、止血、抗龋齿等功能的保健牙膏；水泥中加入钢筋可使它既承压又抗拉，加入气泡可减轻重量，且隔音隔热，加入颜色使建筑物赏心悦目。美国一家公司用聚丙烯加固并经特殊处理后制成的无缺陷水泥，其弹性提高30倍，抗冲击性提高1000倍，刚度高于铝，韧性与有机玻璃相当，且防水、抗酸、抗碱、耐寒不开裂。日本三家化学公司联合制成的一种乳胶液，加在钢筋混凝土中，可使混凝土的寿命从通常的60—100年增至500年，且有很强的抗腐蚀力，特别适用于海洋建筑物。

2．强化技术

以增强效能为手段的扩大创新思路。如对食品强化处理，可使其营养价值不断完善丰富。如强化麦乳精，是对维生素A、维生素D和B族维生素进行强化，使100克麦乳精的维生素A达到1500国际单位，B族维生素达到500国际单位，维生素D达到1000国际单位。它含有足量的蛋白质、脂肪和酶素，营养价值比更优。另外，对矿井、地下工程、船舶等采用强力通风措施，强化通风条件，则可增加含氧量，改善劳动条件。优势聚集、集中优势兵力打歼灭战等则是管理中的强化措施。

3．放大增多

以增大体量为手段的扩大创新思路。如加大包装、加量不加价的牙膏、洗衣粉，大容量冰箱、洗衣机、电池，大屏幕的电视、手机、电脑，大功率的机械等都是以放大增多作为产品创新的手段。在出版物中，集解、大成、大全、汇编、增补、补注、详解、拾遗等也都是这一思想的产物。

4. 感情投入

在管理中融入情感、文化，就会使得关系和谐融洽；在产品中赋以情感、文化，则可以情动人，让产品更受欢迎。如美国奥尔康公司开发的一种芭比娃娃，其别出心裁之处就在于每个娃娃的面孔、发型和服饰都互不雷同，并被赋予不同的名字，还被印上出生年月日，附有出生证，像真的小孩一样。销售时，销售人员还煞有介事地说，不能“买”，只能“认养”，声称至1周岁时，厂方还会寄去生日卡等。经此拟人化后，这种芭比娃娃深受欢迎，价格大涨，供不应求，甚至掀起了集体“认养”、排队“领”小宝宝的热潮。之后，该公司还煞费苦心地推出了系列附带产品：娃娃用的睡衣、婚礼服装、裙子、大衣等一应俱全，还有汽车、卧房、餐具、雨具等，还为娃娃添了兄弟姐妹，甚至爱人。这些举措，让该系列产品实现了产品销售的新高纪录。

三、奥斯本检核表法——能否替代

语文修辞手法中就有“借代”修辞，这实际上就是替代的思考形式。大家熟知的曹冲称象的故事就是运用替代法来解决难题的典范：曹冲利用排水量与大象相等的石头来替代无法称重的大象，然后分批称出这些石头的总重量。

1．材料代用

材料代用是以一般材料代替高级材料、以非金属材料代替金属材料、以人造材料代替天然材料等。如用纸代替金属制成各种不生锈、可装固体或液体的精美容器，甚至还可制成锅，用于油炸或煎炒，重量轻、成本低、节省能源。以纸代布，制成纸衬衣、纸领带、纸帽、纸制结婚礼服等一次性产品，色彩鲜艳、造型别致、价格低廉。以纸代木制造家具，同样物美价廉，适合现代人不断求新的要求。

又如陶瓷这一日用器皿的传统材料已经登上现代工业的舞台。新颖陶瓷有耐高温、耐磨损、耐腐蚀、耐冲击等特点，可做结构件，其价格便宜很多；在微电子部门，其应用前景远大；有种超微孔过滤陶瓷对防控 PM2.5 污染、净化空气有独特的效果，而且可以长期使用，无须更换，只要隔一定时间用水冲洗就可照常使用。

2．能源代用

有科学统计指出，地球上的石油、煤炭等能源有限。预测表明：全球已探明的石油储量可开采年限仅 40—50 年、天然气为 50—60 年、煤炭为 200—220 年。而且，由于燃烧煤、石油等化石燃料，每年有数十万吨硫等有害物质进入天空，使大气环境遭到严重污染，直接影响居民的身体健康和生活质量；局部地区形成酸雨，严重污染水土。同时，化石能源排放大量的温室气体所产生的温室效应，引起全球气候变化，其影响甚至已超过了对环境的污染。有关国际组织已多次召开会议，限制各国 CO_2 等温室气体的排放量。

所以，如果不节约能源或开发新的能源，人类的文明就难以持久。大力加速清洁能源、可再生能源的开发和利用是全人类共同的责任和当务之急。据权威专家估计，如果实施强化可再生能源的发展战略，到 21 世纪中叶，可再生能源将占世界电力市场的 3/5，燃料市场的 2/5。

清洁和可再生能源包括：太阳能、风能、地热能、海洋能、生物质能、核能、氢能、人体能种种，据此能引发一系列的创新发明。传统的园林机械如剪草机、修枝机都是用汽油发动机，其缺点是噪声大、有废气污染，且维修和使用成本高。全国劳模刘幼生作了能源替代创新，并将充电电池、电机与操作部件分开来，单独置于背包中。新产品不仅实现了低噪音、无污染，且使用和维护成本降至之前的 1/10，操作也非常轻便。

3．食品代用

近年来，人口数量在增长，而耕地面积在不断缩小，要解决“民以食为天”的问题，需要开辟新的天地。

科学家们发现，位于近海水域自然生长的海藻，年产量相当于目前世界小麦总量的 15 倍以上。试验证明，只要繁殖一公顷水面的海藻，加工后可获得 20 吨蛋白质、多种维生素及人体所需的矿物质，相当于 40 公顷耕地年产的大豆提供的能量。而海洋的“可耕”面积约为陆地的15倍，因此，海洋将成为21世纪人类的第二粮仓。

未来的另一类重要食物是昆虫。它们不仅美味可口，而且营养丰富。研究证明，昆虫体内的多种营养成分的含量结构比畜、禽肉类更为合理，而其脂肪与胆固醇含量却较低。目前，用昆虫做菜，在西亚、非洲、中美洲等地区已很盛行，如油炸蝴蝶和蝗虫、土豆烩蜻蜓、面团炸黄蜂、清炖甲虫、蚂蚁番茄汤、蛾子饼、蚂蚁奶油蛋糕、蝉肉蜜饯等，都成了美味佳肴。

4．功能代替

功能代替主要是指用一种功能替代另一种功能，以达到同样的效果。如随着科技的发展，交易中的支付方式在不断更迭升级：从现金到支票，从刷卡到网络支付、电子支付，下一步可能是现代识别技术，如指纹识别、虹膜识别（只要看一眼就可以完成交易支付）、特征识别（以个人的某一特征作为支付依据）、声音识别等。

我们的生产加工方式也是在不断改进和升级换代：金属材料的切割加工工艺在不断发展，从手工到机械、数控、激光、水切割等。3D打印则是以增材的方式无余量制造，不仅取消了切割，还替代了整个车间或整个工厂。

电脑的操作一般是用鼠标操作，也可以用键盘操作，现在还有触摸屏操作、语音操作，甚至还有手势操作、眼神操作、意念操作。

5．角色代替

利用各种动物的不同专长，让其代替人做事，如白鹅保安、猴子导游、蜘蛛保安、公鸡缉毒、老鼠蟑螂钻洞，甚至让生物替人吃药等。科学家给蟑螂装上探测器，利用它能在狭缝窄地进出自如的本领，让它带着探测器执行探寻任务——发生地震等灾难事故后钻进废墟去。而一些有商业头脑的人培训猴子当导游，让旅游更富趣味性：当游客辨不清方向时，“猴导游”便会迎上前来。你只要指指肚子，它便领你去餐厅；你做个饮酒动作，则带你进酒吧；你作睡觉状，它就为你指点旅馆的方位。“猴导游”个个彬彬有礼，服务完毕，不忘伸手索取报酬，再挥手告别。

目前，机器人技术发展非常快，已经在很多领域替代人力——机器人战士、机器人救灾抢险、机器人外科大夫以及机器人服务员、操作工。现在的劳动力成本越来越高，对于一些劳动密集的岗位来说，“任劳任怨”的机器人无疑是最好的后备军、替代者。

第三节 | 其他设问型技法

一、5W1H 法

此法由美国陆军首创，通过连续提六个问题，构成设想方案的制约条件，设法满足这些条件，便可获得创新方案。目前，5W1H 法已广泛应用于改进工作、改善管理、技术开发、价值分析等方面。5W1H 法视问题的性质不同，设问检查的内容也不同。例如：

（1）为什么（Why）：为什么发光？为什么漆成红色？为什么要做成这个形状？为什么不用机械代替人力？为什么产品制造的环节这么多？为什么要这么做？

（2）做什么（What）：条件是什么？目的是什么？重点是什么？功能是什么？规范是什么？要素是什么？

（3）谁（Who）：谁来办合适？谁能做？谁不宜加入？谁是顾客？谁支持？谁来决策？忽略了谁？

（4）何时（When）：何时完成？何时安装？何时销售？何时产量最高？何时最切时宜？需要几天合适？

（5）何地（where）：何地最适宜种植？何处做才最经济？从何处去买？卖到何地？安装在何处最恰当？何地有资源？

（6）怎样（How）：怎样做最省力？怎样做最快？怎样做效率最高？怎样改进？怎样避免失败？怎样求发展？怎样扩大销路？怎样改善外观？怎样方便使用？

对于最后一问“How”，有时可扩展为两个问题：怎样（How to）与多少（How much），即 5W2H 法。

二、和田十二法

和田十二法是我国学者许立言、张福奎在奥斯本检核问题表的基础上，借用其基本原理加以创造而提出的一种思维技法。它既是对奥斯本检核问题表法的一种继承，又是一种简化通俗的创新方法。由于简洁、实用，和田十二法深受中小学生及工人的欢迎。我国普及这种创新方法以来，已取得了丰硕的成果。

和田十二法的具体内容如下：

（1）加一加——可以在这件东西上添加些什么吗？需要加上更多时间或次数吗？把它加高一些、加厚一些行不行？把这样东西跟其他东西组合在一起会有什么结果？

（2）减一减——可以在这件东西上减去些什么吗？可以减少时间或次数吗？把它降低一些、减轻一些行不行？可以省略、取消什么吗？

（3）扩一扩——使这件东西放大、扩展会怎么样？

（4）缩一缩——使这件东西压缩、缩小会怎么样？

（5）变一变——改变一下形状、颜色、音响、味道、气味会怎么样？改变一下次序会怎么样？

（6）改一改——这件东西还存在什么缺点，还有什么不足之处需要加以改进？它在使用时是否给人带来不便和麻烦，有解决这些问题的办法吗？

（7）联一联——某个事物（某件东西或事情）的结果跟它的起因有什么联系，能从中找到解决问题的办法吗？把某些东西或事情联系起来，能帮助我们达到什么目的吗？

（8）学一学——有什么事物可以让自己模仿、学习一下吗？模仿它的形状、结构，会有什么结果？学习它的原理、技术，又会有什么结果？

(9) 代一代——有什么东西能代替另一样东西？如果用别的材料、零件、方法代替另一种材料、零件、方法行不行？

(10) 搬一搬——把这件东西搬到别的地方，还有别的用处吗？这个想法、道理、技术搬到别的地方也能用得上吗？

(11) 反一反——如果把一件东西、一个事物的正反、上下、左右、前后、横竖、里外颠倒一下，会有什么结果？

(12) 定一定——为了解决某个问题或改进某件东西，为了提高学习、工作效率和防止可能发生的事故或疏漏，需要规定些什么吗？

视|野|延|伸

小学生运用“变一变”技法制作小发明

河南省洛阳市第二中学的王岩同学看到圆形的漏斗在灌水时，常常不易排气，使水流不畅，便将漏斗下端口由圆变方，使得漏斗管与瓶口之间形成空隙。这样，往瓶里灌水时，水就能流得很畅快，灌水的人也用不着总提起漏斗了。

石家庄市第一中学的王学青同学发现地球仪携带不方便，便想到，如果地球仪不用时能压缩、变小，携带就方便了。于是，他用塑料薄膜制成地球仪，用的时候把气吹足，放在支架上，让地球仪可以转动；不用的时候把气放掉，缩小折叠，方便携□。

三、阿诺德提问法

阿诺德提问法是由美国麻省理工学院独创，是用于工业技术与管理革新的检核表，其项目有：

（1）增加功能：能否在现有功能外增加功能。

（2）提高性能：能否使事物变得更完善、更正确、更直接、更完全、更便利，使工作效率更高或产品更便于使用、保养、维修。

（3）降低成本：能否简化结构、改用廉价材料、简化制造方法、减少中间运输贮存环节、实行零部件标准化和生产自动化。

（4）增加服务面：从管理、服务、设计、计划、制造等环节考虑，增加产品或劳务的服务范围、内容，提高吸引力和销售额。

四、列举法

对现有的事物以挑剔的眼光寻找其缺点和不足，或提出新的要求和希望，改掉缺点或实现希望都是创新。具体操作可分为：用户意见法、对比分析法、质疑提问法、自由畅谈法。

譬如雨伞，原来的雨伞颜色单一、携带不方便、到处滴水、功能单一等，针对所列问题进行创新，现在的雨伞不仅花样众多，漂亮、轻便、实用，而且还有高科技的功能。例如，便携式折叠雨伞、手袋式雨伞、充气伞、头罩伞、投影伞、音响伞、带窗口的雨伞、宠物雨伞等。

真正意义的自行车出现在 1885 年，是被称为“自行车之父”的英国机械工程师斯塔利改进设计的“安全自行车”。它是第一辆利用链条来高效率传动的自行车，让人骑起来不费什么力气，而且稍小一些的轮子使车子更稳。此后，由于新材料、新工艺、新技术以及新思想、新观念的不断出现，对自行车也不断提出新的要求、引起新的思考：传动方式能否改变、调速方式能否改变、骑行方式能否改变、支撑方式能否改变、轮轴结构能否改变、车架结构能否改变等。于是，陆续出现了非链条传动方式、无辐条支撑方式、碳纤维结构、铝合金结构、流线型、封闭型、卧式、折叠式、太阳能式、双人、独轮、多轮等各种新型自行车。

第五章

组合型创新技法

一个新的想法是旧成分的新组合。没有新的成分，只有新的组合。

第一节 | 组合型技法的原理特点

组合就是创造。创造的实质最终可归结为信息的截断和再结合：把集中起来的信息分散开，以新的观点再将其组合起来，就会产生新的事物与方法。这就像小孩玩积木，把没有什么意义的圆形、三角形、四方形的木块按某种构想垒积起来，便成了一幢房子；换种形式堆积则变成了火车。创造发明也类似这一道理。

从总体来说，创造发明的结果产生了世界上原先没有的东西；从其构成细节来说，创造发明大多是利用世界上已有的旧东西，再以新的形式进行重新组合。

一、组合的主要特点

1．普遍性

组合是宇宙中十分普遍的现象。从浩瀚无垠的宇宙到看不见的分子、原子，从简单的数字排列到复杂的人体结构；从庞大的国家机器到家庭等，到处都存在组合的现象。

· 鱼＋羊肉＋海鲜＋木耳＋香菇＋粉条＋调料→羊肉火锅

· 钢板＋铸铁＋螺丝＋马达→机器

· 工人＋机械＋零件＋能源＋房子→工厂

· 路基（计算机和多媒体现代通信）＋路面（光纤电缆）→信息高速公路

2．神奇性

组合现象又是极为奇妙复杂的。如同样是碳原子，以不同的晶格构造便可形成性质迥异的物质：坚硬的绝缘体金刚石和脆弱的导体石墨。

任何英语作品，无论是出自何人之手，也不管是名著巨篇还是童稚遐想，其每行每页都是由 26 个字母、10 个阿拉伯数字、14 个常用符号（空白、句号、逗号、冒号、分号、问号、惊叹号、破折号、连字符、引号、省略号、小括号、中括号、大括号）共 50 个字符排列组合而成。于是，我们就可以设计一台万能印刷机。它由 65 个轮盘组成以对应通常每一印刷行平均的 65 个字符，而每一轮盘嵌着 50 个字符。每任意转动一个轮盘，便可印出一行字符来。显然，只要有足够的时间，将 65 个轮盘所有可能的转动进行全排列，则会印出人间所有的文稿，包括莎士比亚的《哈姆莱特》、本·拉登签发的绝密文件以及某个神经病人的一句胡言乱语……

控制自然界各种生命千变万化的个体特征的密码，实际上就是四种化学分子二二配对组成的碱基对在双螺旋形的 DNA（去氧核糖核酸）的排列方式，不同的排列就表征生物体不同的遗传密码，对应不同的生物。

3．形式多样性

组合的形式可以是近亲结合，如用于同一场合或目的的不同物品的组合：橡皮＋铅笔→橡皮头铅笔，裤子＋袜子→连裤袜；也可以是远缘杂交：空气＋煤炭→尼龙。可以是跨越时空的联姻：现在有不少疗效奇特的电子装置其实就是传统中医与现代技术相结合的产物；还可以是技术上的组合或者艺术上的组合：传统生产的车、钳、刨、铣、磨等的加工技术组合，音乐和体育组合成艺术体操、书法和绘画组合的艺术书法，将各种场景串联起来加上音乐和灯光就成了电影，等等。

4．方法灵活性

组合的方式可以是二元组合、多元组合、内插式组合、辐射式组合、综合性组合等，可随不同需要灵活选用。如以推广新技术为目标，可用辐射式组合，即以该技术为中心，同多个对象进行组合，形成技术辐射。若以改进已有的特定技术对象为目标，则可用内插式组合，即通过移植或插入新技术使产品革新。而乱点鸳鸯谱式的组合，可突破习惯思维的障碍，获得新奇的设想。

二、组合创新的基本准则

既为组合创新，形成创新的要素就不会是孤军作战的单一要素。这些要素要齐心协力、目标一致，才能协同产生更好的总体效果。

组合创新具体有三个准则：

（1）由多个要素参与。

（2）为同一个目标服务。

（3）产生 1 +1 >2 的效果。

如经典的橡皮头铅笔就是由两个要素“铅笔和橡皮”共同参与，目标是在使用时能同时出现，带来的好处是可以随时替换使用，非常方便。

三、组合创新的常见类型

按对各要素参与组合的不同处理方式，组合创新法通常可以分成三种类型：

（1）非切割的组合——将现有的事物照搬用于新的目的。

（2）切割后的组合——将现有的事物中的某些要素（功能）用于新的目的。

（3）飞跃性的组合——综合大量有用的要素（功能）创造出与现有事物有本质区别的新事物。

组合创造技法简单实用，易于普及推广，且形式多样、灵活，广泛适用于各个领域。

第二节 丨 典型组合型技法
——同物组合和异类组合

一、同物组合

同物组合是由若干相同事物的组合，也称同物自组。同物组合的目的是在保持事物原有功能或原有意义的前提下，通过数量的增加，来弥补功能的不足，获取新的功能，产生新的意义。此法看似平淡无奇，但无论是在日常小产品或大型产品的创新中，还是科技或管理创新中，都有其用武之地。当然，一定要符合组合创新 1 +1 >2 的增效原则。

1. 小产品创新

双头螺栓，两面能用的黑板擦，有两个拉锁、能从两头开合的双向拉链，可以像眼镜那样戴着的双眼放大镜，能够同时订出两个订书钉的双排订书机，能够一次缝出两条线的双针双线缝纫机，需要两把钥匙同时到位才能打开的保险锁，等等，这些都是同物组合的小产品。据悉，赫赫有名的松下电器公司起家就是靠了一项同物组合小产品——双插座赚了不少钱，为今后的发展打下了基础。

2. 大产品创新

现代交通工具中有双层汽车、双层火车、双体飞机、双体船舶。双体船具有兴波阻力小、航速快、平稳、抗风浪性好的独特优点，因此被广泛应用于海洋调查、科学研究、勘探、客运、军事等方面。双筒枪、多级大箭、多头导弹、双核电脑等也是同物组合。

3．科技与管理创新

可靠性设计中用到的冗余技术，实质上就是同物组合——多几套备用物。保险柜设置两个锁由两个人分别保管则大大加强了控制。上海交通大学的赵国光教授在作自动控制设计时，重复使用了三片 CPU（计算机中央处理单元），以 3：2 表决方式进行控制，使得系统的可靠性提高了 10 倍。

在管理中采用的重要材料备份制、关键岗位双岗制、重大事项多重审核签字制等同样是同物组合思想的体现。

二、异类组合

异类组合就是由不同的事物（要素）进行的组合，非常灵活并且丰富多彩。

（1）不同物体的组合——在生活中，这类组合到处都有。如收录机、电子表笔、图片壁灯、电视电话等。小小的橡皮头铅笔得到 50 万美元的专利费，成了异类组合的范例。

（2）不同材料的组合——材料是构成产品的物质基础，对产品的性能有直接的影响。不同材料的适当组合可以直接形成一种新的产品。如钢筋混凝土、混纺毛线、钢芯铜线电缆、塑钢门窗等可达到不同材料的优势互补作用；划玻璃的刀具、机加工的车刀、轧钢用的复合轧辊等则使得昂贵的材料用到最关键部位以节省成本；将磁性粉末与橡胶或塑料混合成型的磁条更富有弹性，能弯可摔，是门封的理想材料；有人开发的新品牙刷的中心用硬性尼龙毛，周围用软性尼龙毛，使之兼有清洁牙齿、保护牙龈的好处。

（3）不同功能的组合——将某一物品加以改造，使之集多种功能于一身。如有人对一金属片作某些加工后，使之成为集小刀、开罐头刀、螺丝刀、开瓶器、扭拧蝶形螺母工具、锯、指甲锉、镜子八种功能于一体的多用工具。著名的瑞士军刀有几十种功能，精致而多用途，畅销世界四十多年，甚至被当作美国总统特选礼品。

（4）不同方法的组合——在生产工艺和处理技术中，把两种以上独立的方法组合起来，也会有新的效果。我国上海一些科技工作者发现，当单独用激光或超声波对水作灭菌处理时，都只能杀死部分细菌。如果先后用两种方法处理，仍有相当部分细菌不死。但要是两种方法同时使用，细菌则全军覆没，这就是“声光效应”。这种方法不仅在灭菌方面有效，在化学研究方面也有着潜在的巨大价值。

（5）技术原理与技术手段的组合——技术原理与技术手段的组合，可以使已有的原理或手段得到改造或补充，甚至形成全新的产品。例如，弗朗克·怀特把喷气推进原理与燃气轮机相组合，发明了喷气式发动机；英国分子生物学家艾伦·克卢格把衍射原理与电子显微镜组合在一起，发明了晶体电子显微镜；我国西北工业大学青年教师熊小伟把中医耳针的经络理论与现代电子技术相结合，发明了“速效止痛治疗器”。

（6）概念与概念的组合——将不同的概念进行“穿越”“混搭”是非常有创意的组合，如传统与现代、东方和西方、文化与产品、食物与艺术、摄影与绘画等。当下时髦的互联网思维就是将互联网与各项事物相组合的创新思维。

（7）技术与产品的组合——将新的技术用于老的产品便成了新一代产品，如数控机床、电脑洗衣机、语音报时钟等。交警执勤时用的电子哨子，是个很简单的小发明，但在指挥交通时，使警察的负担减轻不少。

第三节 | 其他组合型技法

一、主体附加法

1．要义

主体附加法是以某一特定的对象为主体，通过置换或插入其他技术或增加新的附件而导致发明或创新的方法。

主体附加（添加）法常用于对产品进行完善、改进。如最初的洗衣机只是代替人的搓洗功能，之后增加了甩干、喷淋、烘干装置，便具有了漂洗和晾晒功能。电风扇也是如此，在逐渐加入摇头、定时、变换风量等装置后才成为今天的样子。

附加与插入除了可更好地发挥主体的技术功能外，有时还可增加一些辅助功能或相关功能。如在老人用的手杖中插入电筒、警铃、按摩器等，就成了多功能拐杖；在自行车上安装里程表、挡雨罩、折叠货物架、小孩座椅等也能使之用途更广。

2．实施步骤

（1）有目的地选定一个主体。

（2）运用缺点列举法，全面分析主体的缺点。

（3）运用希望点列举法，对主体提出种种希望。

（4）考虑能否在不变或略变主体的前提下，通过增加附属物以克服或弥补主体的缺陷。

（5）考虑能否利用或借助主体的某种功能，附加一种别的东西使其发挥作用。

（6）最终获得创新方案。

3．注意点

运用主体附加法往往可使主体获得多种附加功能而成为多功能用品。然而，多功能物品的设计应该考虑全面，权衡利弊，不能简单地堆砌功能，以致过于繁杂，成为多余累赘，费力不讨好。

二、强制联想法

强制联想是对预选的事物强行作相互组合，想象其可能性和效果。比如预先设定某一事物为中心（即焦点），依次与罗列的各元素进行组合构成联想点，形成焦点式的组合方法。也可用直角坐标的形式，将预选的各元素分列于纵横坐标轴上，然后纵横相交形成各个组合点进行强制联想。

1. 形式

焦点法可以是发散式结构，主要用于新产品、新技术、新思想的推广应用，也可以是集中式结构，主要用于寻求某一问题的解决途径。

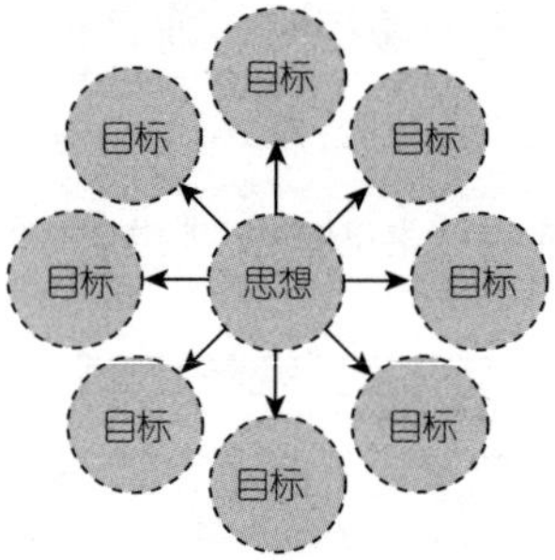

发散式结构

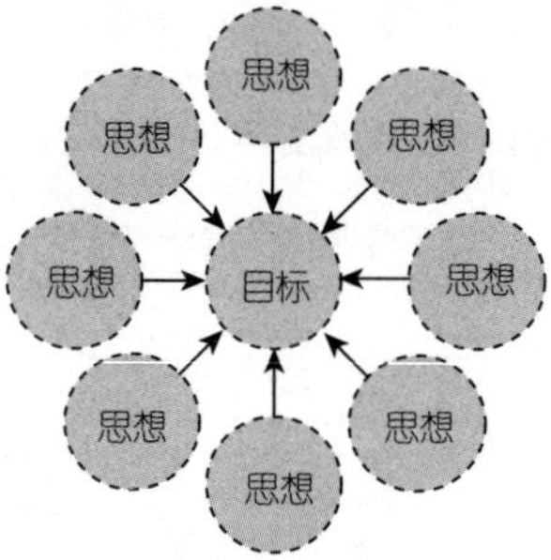

集中式结构

2. 实施步骤

（1）选择焦点。焦点就是你希望创新的事物，或者是准备推广的思想技术，将其填入一个中心圆圈内。

（2）列举与焦点无关的事物或技术。可以多角度、多方面罗列，尽量避免与焦点事物相近的东西，甚至可借助购物指南、技术手册等随意摘录。将所选的内容逐一填入环绕焦点四周的小圆圈内。

（3）强行将中心圆圈与周围的小圆圈连接，得到多种组合方案。

（4）充分想象，对每种组合提出创造性设想。

（5）评价所有的设想方案，筛选出新颖实用的最佳方案。

下面左图是“方便”在各个方面的应用，其中每个方面还可进一步细化，形成该领域的众多开发方案。下面右图是针对“包”的设计，可以根据不同的对象与用途进行开发。

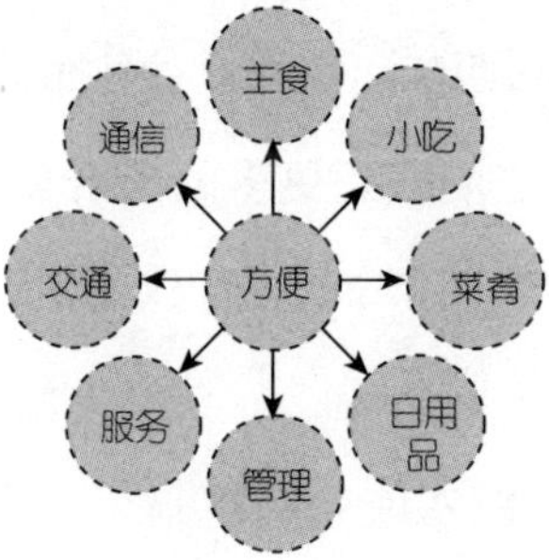

“方便”思想的应用

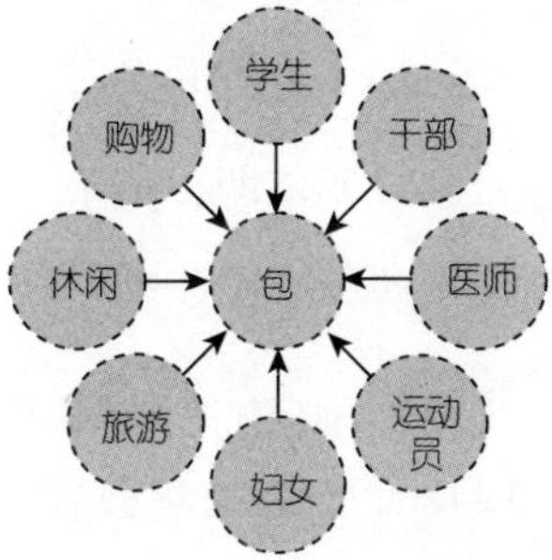

“包”的开发方向

下面左图是针对“灭鼠”问题，列出各种能致生物于死地的方法技术，然后针对“老鼠”进行研究选用。下面右图提出的要求是“连接”，则可首先去搜集现有可起连接作用的技术与方法，再针对具体问题作分析研究。

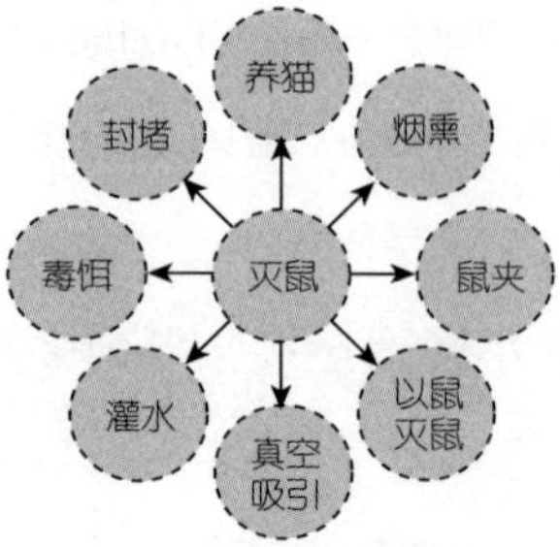

“灭鼠”的方法

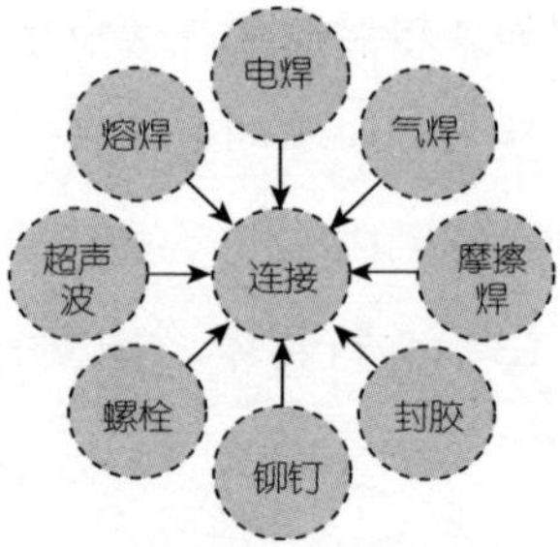

“连接”的方法

三、形态分析法

1．技法的产生

我们知道，把几个独立存在的东西加以组合，往往可以产生新的设想或发明。问题是，怎样才能找到更多的组合要素，形成大量的设想或发明？美国加州理工学院兹维基教授创造的形态分析法，为此提供了形式化的科学手段。

1942 年，兹维基教授在参加美国火箭研制过程中，为找出众多的方案，灵机一动，把数学中常用的排列组合原理搬来了。他把火箭各主要组成部分所可能具有的各种形态作不同组合，在当时的技术水平上，利用自己创立的所谓“形态学方阵”的技法，在一周之内居然交出了 36864 种火箭设计方案，其中不乏有创意的设想，对美国火箭技术的发展作出了重大贡献。特别有意思的是，这些方案中，竟然还包括了当时法西斯德国正在研制并严加保密的带脉冲发动机的 F－1 型巡航导弹和F-2型火箭。可叹如此重要的核心机密无须假手于神通广大的间谍，仅通过兹维基的“纸上谈兵”便洞若观火了。战后，苏联有人对兹维基的方案作了研究，认为只要补充一些被忽略的因素，便又可获得几万种火箭结构方案。

2．要义

形态分析法是一种利用系统观念来网罗组合设想的创造发明方法。它先把技术课题分解成为相互独立的基本要素，找出每个要素的可能方案（形态），然后加以组合，得到各种解决技术课题的总构想方案。总构想方案的数量就是各要素方案的组合数。

形态分析法的突出特点是所得的总构想方案具有全解系的性质，即只要把课题的全部要素及各要素的所有可能形态都列出来，那么经组合后的方案将是包罗万象的。

形态分析法的另一特点是具有形式化性质。它并非取决于发明者的直觉和想象，而是依靠发明者的认真、细致、严密的分析，并精通与发明有关的专门知识。

当问题比较复杂、要素及形态较多时，组合的数目便会激增，以致评价筛选的工作量很大。因此，这要求使用者能抓住主要矛盾，选取基本要素，并具有敏锐准确的评价能力。

这一方法可广泛应用于新技术和新产品的开发以及技术预测等领域，实施时既适于小组运用，也适于个人使用。

3．实施步骤

（1）明确问题。首先必须十分确切地说明所要解决的问题或所要实现的功能，这是有效运用形态分析法的前提。

（2）要素分析。分析须创新的对象，确定它有哪些基本要素（或基本参数），要求各基本要素相对独立并尽量全面考虑。

（3）形态分析。寻找每个要素的可能解决方案（即形态）。要求尽量全面，既要列出当时技术条件下可达到的或在允许时间内可达到的方案，也要列出有潜在可能性的各种手段和方法。

（4）方案综合和选择。根据上面的分析结果列出形态矩阵，一般为二维结构。“列 - i”代表独立要素，“行 - j”代表各因素的具体形态。每一要素和具体形态用符号 Pij 表示，组合后便得出各种方案设想。当然，这些方案要经进一步分析判断后才能取舍。

视|野|延|伸

菜谱设计——萝卜可以做多少种菜

用萝卜做菜，涉及三个相对独立的要素——什么萝卜、怎么切、怎么烧。而每一个独立要素又有多种表现形态，如：

·萝卜的品种：红萝卜、白萝卜、青萝卜、紫萝卜；

·加工形状：块、丁、片、丝、条；

·烹调方法：炒、爆、炸、烹、熘、煎、贴、扒、焖、烧、炖、熬、煨、蒸、酿、凉拌。

其中，对各种烹调方法还可以进一步细化，如：

炒——煸炒、滑炒、爆炒、干炒、清炒。

爆——油爆、酱爆、盐爆、葱爆、汤爆、水爆。

之后，对每一种萝卜都可以切成不同的形状，用不同的方法来烹调，再考虑到不同的爆炒方式，萝卜的菜谱数可以达到500种左右。如果，再将不同颜色的萝卜进行搭配，做成不同的口味，那么，很容易设计出千余种菜来。

四、重组组合法

重组是指对事物原有要素的再排列——在事物的不同层次分解原来的组合，然后再按新的目的作重新安排，如积木、变形金刚、组合型多功能家具，或生产线的重排、商场柜台的重排等。大家熟知的“田忌赛马”、生物工程中的基因重组都是最佳例证。

视|野|延|伸

重组组合法在各领域的应用示例

1．人力资源优化组合

一家公司有四个车间，都在通过多种方法提高劳动生产率，但提高到某一临界点，就再难提高了。怎么办？有人出了一个主意。他分析这四个车间的员工构成，发现第一个车间都是男工，于是就加了几个女工进去；第二个车间都是一些年轻人，于是加了几个中老年人进去，因为他们老成持重；第三个车间都是中老年人，于是加了几个年轻人进去，有新鲜活力；第四个车间老的少的、男的女的都有，怎么提高效率？经分析发现，这个车间都是本地人，于是加了几个外地人进去。还是这么多人，但把结构变换了以后，效率提高了不少。

人们常说的“男女搭配，干活不累”，也是重组组合在提高效率上的一种应用。

2．理论创新

门捷列夫对元素作适当的重新排列，便发明了在化学史上有里程碑意义的元素周期表。

3．管理创新

和尚分粥：一座寺庙每天煮一锅粥，要分给每个和尚。不管让谁来分，总难免由于私心而导致偏向、不公平。怎么分才能公平合理？后来有人建议立一条规矩——让分粥的人最后拿粥便行了，因为他不想自己吃亏，所以会尽量将粥分均匀。

4．产品创新

飞机诞生初期，螺旋桨是装在飞机头部的。后来，螺旋桨装到了顶部，直升机便应运而生。原来的汽车喇叭按钮是装在方向盘的轴心上的，每次按喇叭得把手移到轴心处，既不方便又不安全。后来，有人将喇叭按钮改装在方向盘的下半个圆周上，只要在该区域任意处轻按就行，深受司机欢迎。

再如真空吸尘器，由三个基本部件组成：马达、贮尘箱、吸尘口。现将它们作各种可能的排列，如马达与贮尘箱作并列、垂直、内藏、分离等布置，同时再将吸尘口布置在不同的位置，便可轻松组合成十几种不同型号的新产品。

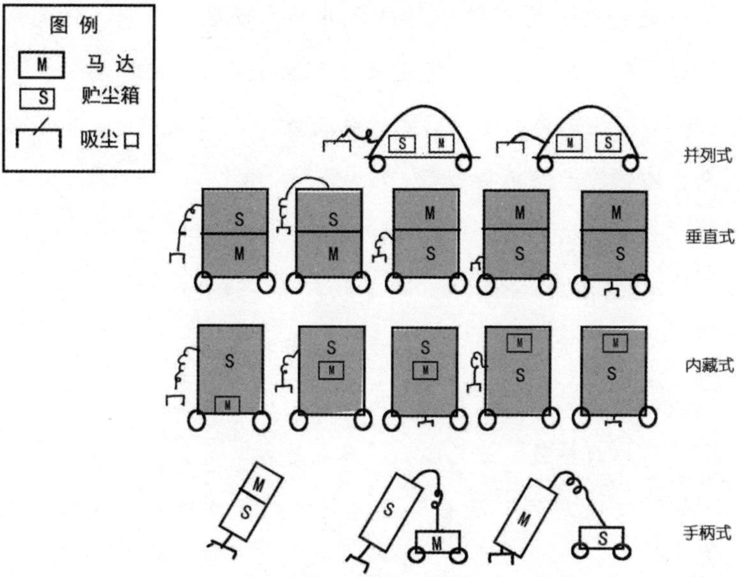

吸尘器的重组图

5．“购买力”的创新

19世纪初，市场上有许多收割机，农民非常想要但都买不起。于是，一位收割机发明者麦克科密克创造了分期付款制度——让农民用未来的收入来购买收割机。仅仅只是改变了付款方式，农机市场全活了，老板和农民都笑了！

如今，针对老年人的特殊需求，又创造了“反按揭”的营销模式——让老人用现在尚须居住、还不能变现的房产预约出售，每月获得一定的费用供有生之年陆续享用，直至离世再交出房子。

6．文艺创作

小说和剧本均有情节，包括开端、发展、高潮、结局等（A—B—C—D）。如果将元素排列换成D—A—B—C或C—A—B—D，就是将小说和剧本的结局或高潮放在前面，以引起悬念，增强作品的感染力。

7．文字调侃

· “不怕辣、怕不辣、辣不怕”——谁最狠？

· “不可随处小便”是告示；“小处不可随便”是警句。

· “先付后用”改为“先用后付”是经营思想的创新。

· “屡战屡败”是无能；“屡败屡战”是勇士。

· “吃饭是为了活着”是需要；“活着是为了吃饭”是饭桶。

第六章

类比型创新技法

每当理智缺乏可靠论证的思路时，类比这个方法往往能指引我们前进。

第一节 丨 类比型技法的原理特点

一、类比原理

大千世界，事物间的联系是普遍存在的。正是这种联系，让我们的思维得以从已知引向未知，变陌生为熟悉。期间，我们脑内发生的联想和类比过程可以看作是事物普遍联系在思维中的一种体现。

显然，发明创造所追求的是新颖未知的事物，应该是人们暂时陌生的东西。为此，需要借助现有的知识与经验或其他已经熟悉了的事物作桥梁，获得借鉴启迪。这就是联想、类比在创新中的非凡作用。我国自主创新的路径之一就是：引进、消化、吸收、再创新。

借鉴学习的基础是联想与类比。联想是科学创造活动的一种心理中介，不是一般的思考，而是思维的深化，是由此及彼、触类旁通的思考，从而达到思接千载、视通万里的境界。思维经常借助于联想与类比获得有关资料、原则与方法，为解决问题提供可能。

异中有同为联想、类比提供基础，互相借鉴启迪为创新开辟思路。广泛的兴趣、广博的知识、灵活的思维是有效运用联想类比技法进行创新的必要条件。

二、类比方法

类比指选择两个不同的事物，对其某些相似性进行考察比较。类比推理（类比法）就是根据两个对象在某些方面的相似或相同，找出它们在其他方面的相似处或相同处的一种方法。事物间的差异越大，类比创新的水平越高。

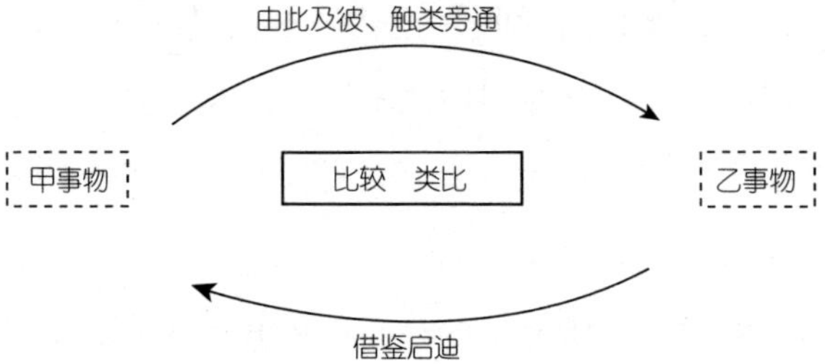

第二节 | 典型类比型技法——类比五法

一、直接类比

直接类比是从自然界或已有的成果中寻找与创造对象相类似的东西所进行的类比创新技法。

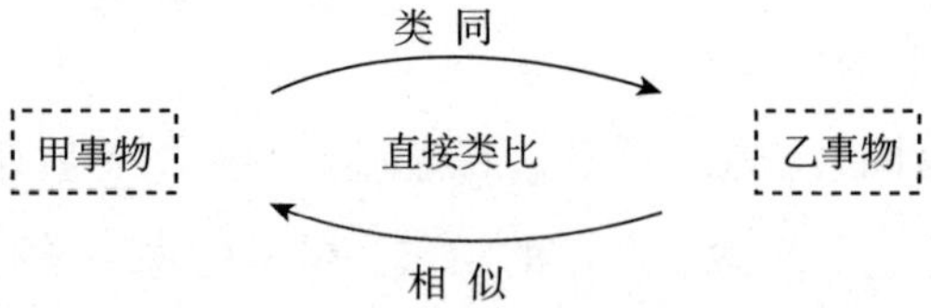

比如，巧匠鲁班发明锯子就是从草割破手指而得到的启发，从鸡蛋壳、乌龟壳不容易破碎类比发明了建筑的薄壳结构，从荷叶上滚动的水珠类比发明了新型防水涂料，从容易让人滑跤的香蕉皮结构类比找到了新的固体润滑剂二硫化钼，从敲啤酒桶就知道里面是否有酒类比发明了医学上的叩诊诊断法，通过分析鱼鳃启闭的动作设计出枪的自动机构。美国莱特兄弟更是通过对飞鸟的分析类比发明了飞机，实现了人类翱翔蓝天的梦想。

视|野|延|伸

吉列刀片的发明

吉列刀片的发明源于对耕地用的耙子在形状上的直接类比。

号称“掌握全世界男人的胡子”的吉列剃须刀公司的创始人金·吉列曾是一家小公司的推销员。一天早上，吉列刮胡子，由于刀磨得不好，刮得很费劲，脸被划了几道口子。懊丧之余，吉列盯着剃须刀，产生了创造新型剃须刀的念头。于是，他对周围的男性进行调查，发现他们都希望有一种新型的剃须刀，希望它安全、保险、使用方便，并且刀片随时可换。这样，吉列就开始了他开发剃须刀的行动。

这种新型剃须刀应该是什么样的呢?吉列冥思苦想。由于没能冲破传统习惯的束缚，新发明的基本构造总是离不开老式长把剃须刀的局限，怎么办呢?吉列绞尽脑汁，还是一时不得要领。

一天，吉列路过望着一片刚收割完的田地，看到一位农民正轻松自如地挥动着耙子修整田地。一个新思路骤然迸出。他心想，新剃须刀的基本构造就应该同这耙子一样，简单、方便、运用自如。于是，吉利剃须刀的雏形被创造了出来。

二、拟人类比

拟人类比又称感情移入、角色扮演。在发明创新活动中，发明者把自己设想为发明对象的某个因素，并由此出发，设身处地地进行想象。

具体的拟人类比方式有：

（1）将人设想为物，会作何反应、感觉。

（2）将物设想为人，有何体会、怎么表达。

（3）人与物的某些属性有何类似性。

（4）人在接触使用某事物时产生的感觉、反应。

人的特性与材料特性类比如下图：

人	金属材料
· 怕热	· 热蠕变——高温受力时会缓慢变形
· 怕冷	· 冷脆性——低温时材料变脆
· 反复活动会累	· 疲劳破坏
· 人来疯	· 共振现象
· 环境影响生活	· 环境影响使用寿命
· 爱美	· 协调，无突变、无缺陷则受力好

在机械设计中，拟人化的构思是常用的方法。

在设计挖土机时，可以用模拟人体手臂的动作来进行思考：它的主臂如同人的上下臂，可以左右上下弯曲；挖斗就像人的手掌，可以插入土中，将土抓起；机器人的设计也主要是从模拟人体动作入手的。

设计橘汁分离器时，设计人员把自己想象成橘子里的橘汁，然后问“我怎样才能从橘子里出来呢”——必须冲破橘子皮的包围；再问“怎么冲呢”——通过压榨，让我有力气挤破橘子皮；通过加热或降温使橘子皮强度减弱；用旋转的办法，通过离心力增加我的力量等。

清除百叶窗上的灰尘污垢要一格格地洗刷，相当麻烦。有人仿照人的手指头发明了一种指形刷子，可同时洗刷多个格子，效率大大提高。

三、象征类比

象征类比是借助具体的事物形象和象征符号来比喻某种抽象的概念或思想感情的类比创新技法。象征类比是直觉感知的。在无意的联想中一旦作出这种类比，就会形成一个完整的形象。针对所要解决的问题，用具体形象的东西作类比描述，使问题形象化、立体化，为创新开拓思路。

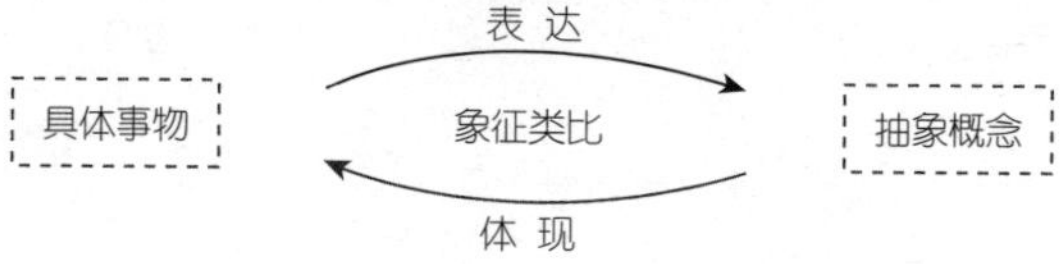

比如，设计桥梁要赋予“虹”的象征格调，设计纪念碑、纪念馆要赋予宏伟、庄严的象征格调，而设计展览馆、音乐厅、歌舞厅则要赋予艺术、优雅的象征格调。曾为中国第一高楼的上海金茂大厦则是融合了多层象征含意：主楼像竹笋，象征节节攀升；像宝塔，富有民族气息；像一支笔，在蓝天描绘着未来。裙房像一本翻开的书，记录着上海新貌；又像黄浦江的波涛，象征着后浪推前浪、滚滚向前。整座大厦的设计数据与中国人喜欢的“8”字相连：总楼层数为88，中间是八角形混凝土核心，周边是八根巨型钢柱，塔式建筑的向上收缩点均位于与“8”有关的楼层上，象征着兴旺发达。

四、自由类比

自由类比又称幻想类比、空想类比或狂想类比，是由已知向未知飞跃的良策。

美国麻省理工学院教授威廉·戈顿认为，为了摆脱自我和超自我的束缚，发掘潜意识的本我优势，最好的办法是“有意识地自我欺骗”，以此启迪思路。例如，古代神话、童话、故事中的许多幻想，在技术逐步发展之后大多已变为现实。

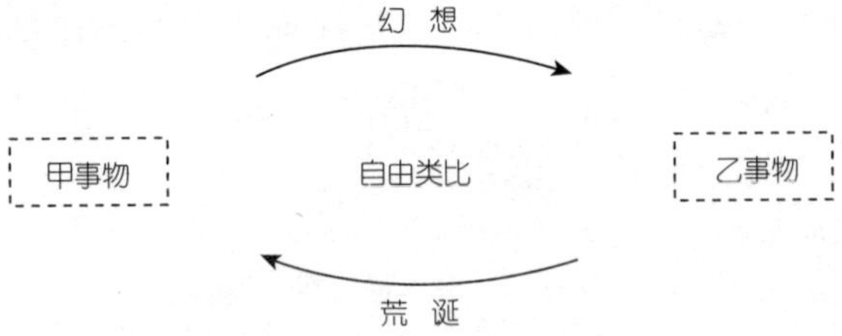

视|野|延|伸

挖藕创新

有一伙人在池塘里挖藕，用耙子沿着池底挖，其中一个人放了一个很响的屁。

“请原谅。”那人向旁边的人表示歉意。

“你这种响屁朝池塘底下放上三两个，那泥里的藕恐怕都会吓得蹦出来了。”旁边的人开玩笑地说。

不料言者无心，听者有意。另外一个人听到此话后，在脑中闪现了一个想法：用导管把压缩空气输送到池底再喷放出去会怎样呢?或许能把藕挖出来。这样就会大大降低劳动强度，大幅提高劳动效率。这个人进行了实验，结果失败了，只有气泡而不出藕。“需要更强的冲力!”他想。于是这次，他不用空气，而是用管道对水加压，结果大获成功，彻底把藕挖出来了。

这种做法不仅减轻了劳动强度，提高了劳动效率，而且不用担心耙子伤藕，甚至挖出来的藕也被高压水冲洗得干干净净，真是妙不可言的技术创新。

五、功能类比

功能类比是对某种自然物或人工物在功能上所作的类比。人们根据某种愿望或需要类比某种自然物或人工物的功能，提出实现近似功能的新装置的发明方案。

长颈鹿的脖子很长，从大脑到心脏有3米之遥，因此它的血压很高，非如此不能将心脏的血“压”上3米高的脑部，以保证大脑不缺血。但是，当长颈鹿低头喝水时，心“高”头“低”，心脏的血会猛烈冲击脑部，此时，长颈鹿却安然无恙。长颈鹿是怎样解决这一矛盾的？科学家研究发现，关键在于长颈鹿身上裹着一层厚皮。当它低头喝水时，厚皮自动收缩，箍住血管，从而限制了血液的流速，缓解了脑血管的压力。科学家模拟长颈鹿的皮肤原理，制成抗荷服，用于保护飞行员。当飞机加速时，抗荷服可以自动压缩空气、压迫血管，从而限制飞行员的血液流速，防止其脑失血。

视|野|延|伸

液体手套的发明

工人廖基程在精细加工车间工作，大部分精密零件的加工都需要用手操作。为了防止零件生锈，工人必须整天戴手套，而且手套还必须套得很紧，手指头才能灵活弯曲。这样，不但手套的戴上、脱下相当麻烦，还很容易弄坏。他常想：难道只能戴这样的手套，能不能改进？

有一天，廖基程在帮妹妹做纸手工艺品时，手指上沾满了糨糊。糨糊很快干了，变成了一层透明的薄膜，紧紧地裹在他的手指上。他当时就想：“真像个指头套，要是厂里的橡皮手套也这么方便就好了！”他联想到小时候在雨后的泥泞路上行走，不小心滑倒了，双手沾满了泥污，干了后也像戴了泥手套似的。

顺着这一思路，廖基程头脑里突然设想：可以把手浸在一种像糨糊一样的液体里，干了以后就让手上沾的液体成为手套。不需要它时，把手浸在另外一种液体里，泡一下就让它融化掉。他的大胆设计被公司采纳，公司为此专门成立了一个研究小组。他们最终发明了液体手套。使用这种手套，只需将手浸入一种特制液体中，就能在手上覆盖一层透明的薄膜，像戴上了手套一样，而且更柔软、舒适、富有弹性。不需要它时，把手放进水里泡一下，就能完全化掉。

第三节 | 其他类比型技法

一、综摄法

综摄法是美国麻省理工学院教授威廉·戈顿在长期研究和实验的基础上，于1952年提出来的。这一种独特的创造技法又称提喻法、分合法、集思法。

1. 原理与特点

综摄法通过已知的东西为媒介，将毫无关联、不同的知识要素结合起来，以打开“未知世界的门扉”，激起人们的创造欲，使潜在的创造力发挥出来，产生众多的创造性设想。

综摄法是一种理论化程度高、技巧性强、效果显著的创造技法。通常此法以小组讨论会的形式进行，但个人也可以使用。

2. 基本原则

假如一个人能看出当前显而易见的差别，譬如，能区别一支笔与一头骆驼，则没有人会说他多么了不起。同样，一个人对两个相似的事物，如橡树和槐树、寺院与教堂，知其相似之处，我们也不会认为此人非同寻常。我们所要求的是要能看出异中之同和同中之异。

威廉·戈顿教授认为，联想与类比是实现从已知到未知的有效办法。他主张，为了摆脱旧框框的束缚，开阔思路，在探索新的设想时，要有一段时间暂时抛开原来想要解决的问题，通过类比探索得到启发。因此，这是一个变陌生为熟悉（异中求同）和变熟悉为陌生（同中求异）的过程。

具体原则为：一是变陌生为熟悉（异中求同即异质同化），即用熟悉的事物来类比认识不熟悉的事物；二是变熟悉为陌生（同中求异即同质异化），即将已经熟悉习惯了的事物通过类比转换成为别的事物或别的应用的创新。

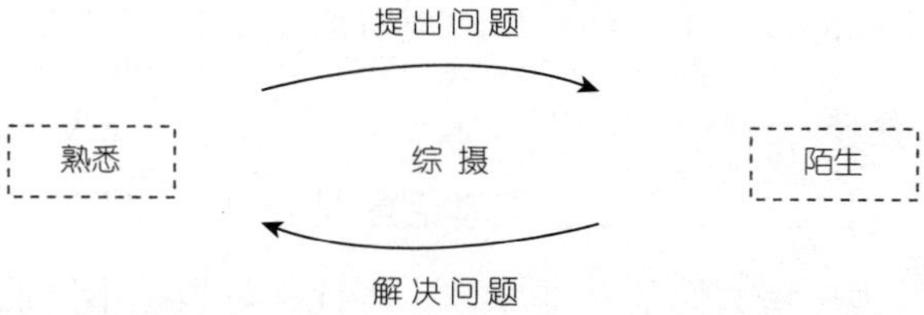

3. 实施过程

综摄法在以小组的形式集体创新时，要求由不同知识背景、不同气质的人组成小组，相互启发，集体攻关。小组一般由5—8人组成，其中一名担任主持人，一名是与讨论问题有关的专家，再加上各种科学领域的专业人员4—6名。

具体步骤：选择对象，分析列举（缺点、希望、变换条件），变熟悉为陌生，抓住要点形成问题，离题遐想（提出各种各样的事物），类比分析，变陌生为熟悉，形成创新思路。

二、移植法

1. 原理

移植法是将某个领域的原理、技术、方法，引用或渗透到其他领域，用以改造或创造新的事物。移植法也称渗透法。从思维角度看，移植法可以说是一种侧向思维方法，通过相似联想、相似类比，力求从表面上看来仿佛是毫不相关的两个事物或现象之间，发现它们的联系。英国剑桥大学教授贝弗里奇说："移植是科学发展的一种主要方法。大多数的发现都可应用于所在领域以外的领域，而应用于新领域时，往往有助于促成进一步的发现。重大的科学成果有时来自移植。”

2．途径

（1）原理移植。无论是理论还是技术，尽管领域不同，但常可发现一些共同的基本原理。因此，可根据不同的要求和目的作移植创造。

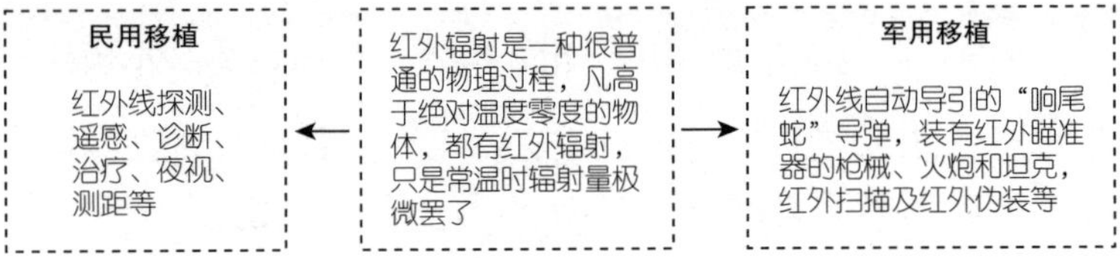

（2）方法移植。方法移植法是指把某一领域的技术方法有意识地移植到另一领域而形成创造的方法。如 17 世纪的数学家笛卡尔被称为解析几何之父，将代数方法移植到几何学中，创立了解析几何。又如，将照相技术移植到印刷排字当中，便形成了现代照相排版技术。

（3）思路移植。思路移植是将某个学科、领域中的原理和思路应用或渗透到其他学科、领域中，为解决某一问题提供启迪、帮助的创新思维方法。许多人都深有体会，在大城市找厕所乃一大难事。许多城市都印制有数量可观的地图，然而，这些地图的主题只有一个——交通旅游。自从印有厕所位置指引的厕所地图推出后，成了上海书报亭的抢手货，市民或游客再也不用因为找不到厕所发愁了。厕所地图的思路还可以拓展移植到更多的领域，如医疗地图、金融地图、商贸地图等。

（4）功能移植。功能移植是指把诸如激光技术、超声波技术、超导技术、光纤技术、生物工程技术以及其他信息、控制、材料、动力等一系列通用技术所具有的技术功能，以某种形式应用于其他领域。如采用液压技术便可较好地解决远距离传动的问题，且简化机构并方便操作；电子计算机的应用则使机械加工程序化、自动化；若将遗传工程移植至机械工程则将形成更大的变革——出现生物机构。在自然界，河川中夹杂的有机物流入海洋并不会使其受污染，因为海洋中生长着能消化有机物的净化细菌。有机物经它消化后，变成水和一氧化碳。环保专家将此功能移植于废水处理——引进净化细菌让它大量繁殖，以达到去污变清的目的。这就是目前污水处理的活性污泥处理法。

（5）结构移植。结构移植是将某种事物的结构形式或结构特征向另一事物移植。如人们将积木玩具的结构方式移植到机床领域，创造了组合机床、模块化机床；移植到电器产品中，就可以按要求利用不同的功能模块进行组合拼装；移植建筑则为模块建筑；移植到家具便为模块式家具等。再如，磁性结构的应用也非常广泛，代替扣子、压条、铰链等。

三、仿生法

1．原理

仿生法是通过模拟生物的结构或功能原理而导致发明创新的途径，亦称仿生学方法。仿生学是研究生物系统，制作模拟其卓越机能的装置的科学技术学科。“生物原型——新技术的钥匙”这一著名格言，表征了仿生学已经成为现代发明的重要途径，甚至可称为源泉。

从社会需要方面来说，人类虽然凭借自身的智慧创造了各种各样的技术装置，但这些装置不仅日益复杂和昂贵，而且其可靠性和效率也远远不能满足工业、农业、医学，特别是空间技术和军事技术的要求越来越高，这就迫使人们去寻找崭新的技术原理。

从生物自身来说，在几十亿年的漫长进化中，通过自然选择，形成许多卓有成效的导航、跟踪、计算、生物合成、能量转换、力学结构、运动机构等系统，其小巧性、灵敏性、快速性、高效性、可靠性和抗干扰性等，使人工创造的所有技术装置都相形见绌。例如，人脑有 140 亿—150 亿个神经元，但每小时约有 1000 个神经元发生障碍，一年之内就差不多有 900 万个神经元丧失机能。然而，令人惊叹的是，大脑并没有因此而丧失其各种机能。可是，电子计算机却不行，只要其中任何一个元件损坏或发生故障，便会影响整个系统的工作性能。

极而言之，在许多方面，电子计算机甚至不及昆虫的区区之脑。螳螂能在 0.05 秒的一瞬间，计算出飞掠眼前的小昆虫的速度、方向和距离，这是大型电子跟踪系统所望尘莫及的。随着科学技术的发展，自然界中生物系统的这些奇妙功能愈来愈为人们所认识和把握。

2．仿生创新的几种主要思路

向生物索取技术原理，不仅具有令人陶醉和神往的光辉前景，而且所涉猎的内容也相当广泛。仿生发明的例子很多：从鸟类想到飞机、从蝙蝠想到雷达、从犰狳想到坦克、从石龙子想到伪装色、从飞鼠想到降落伞、从乌贼想到推进器、从蝎子想到皮下注射、从鲍鱼想到吸盘、从贝壳想到建筑等。

仿生创新的主要思路有以下几种：

（1）信息仿生。主要是通过研究、模拟生物的感觉（包括视觉、听觉、嗅觉、触觉），智能以及信息贮存、提取、传输等方面的机理，构思和研制新的信息系统。麻省理工学院的研究者根据蛙眼的视觉功能，成功研制了虫检测仪器模型。狗鼻子素以灵敏著称，能感觉 200 万种物质和不同浓度的气味，嗅觉比人灵敏 1 万倍。现在，人们以不同物质的气味对紫外线的选择性吸收为信息，研制成了“电子警犬”。用它来作检测，其灵敏度甚至可达狗鼻子的 1000 倍。

（2）控制仿生。主要通过研究、模拟生物的体内稳态（反馈调控）、运动控制、动物的定向与导航、生态系统的涨落及人机系统的功能原理，来构思和研制新的控制系统。例如，人们根据蜜蜂的复眼能够利用偏振光导航的原理，发明了用于航空和航海的非磁性“偏光天文罗盘”。这种罗盘在不能使用磁罗盘的高纬度地区，显示出了极大的优越性。人们还根据昆虫楫翅导航的原理，成功研制了一种振动陀螺仪，使之广泛应用于高速飞行的火箭和飞机上。

（3）力学仿生。主要通过研究模拟生物的机械原理、结构力学和流体力学的原理，构思和研究新的系统（包括机器、装置、力学结构以及人工脏器等）。例如，人体的大多数肌肉都是以“颉颃肌”的形式成对排列的。这种利用两个产生拉力的单向力装置组成的双向运动机械系统，远比工程技术上惯用的一个推拉双向动力装置组织的系统优越得多。通过对颉颃肌的模拟，圆满地解决了各种机器人、步行机等行走机器的设计。此外，人们还根据鱼类、鸟类的身体形状的流体力学特性，研制了各种各样的船舶和空间飞行物；根据蛋壳、乌龟壳、贝壳等弯曲表面，发明了建筑物上的薄壳结构。钢筋混凝土的发明者是一位与建筑材料无关的园艺师。他看到植物盘根错节、交叉成网的根系能使松软的泥土坚实牢固，就于 1865 年用铁丝仿照植物的根系织成网状构架，用水泥碎石浇制成了钢筋混凝土。

（4）化学仿生。主要是通过研究模拟生物酶的催化作用、生物的化学合成、选择性膜和能量转换等，来构思和创造高效催化剂等化学产品、化学工艺以及新材料、新能源等。例如，人们为宇宙飞船设计的所谓“宇宙绿洲”——生态循环系统，就是通过模拟生物“电池”、光合作用转换的原理以及自然生态系统创造出的。此外，在通过化学途径实现的人工模拟酶、人工模拟生物固氮、人工模拟光合作用等方面，也将有新的重要突破。

（5）技术仿生。在隧道工程中曾经得到广泛使用的质构施工法是以生物为启发作出的发明。1820 年，英国要在泰晤士河底建造隧道。由于土质条件很差，用传统的支护开挖法，河底会因松软、渗水而易塌方，施工极为困难。工程师布鲁内感到一筹莫展。一天，他无意中发现有只蠕虫在其外壳保护下使劲地往坚硬的橡树皮里钻。这使他恍然大悟：河下施工也可以像这种小虫一样找个保护壳——用空心钢柱打入河底，以此为盾构，边掘进边延伸，在盾构的保护下进行施工，即盾构施工法。

（6）原理仿生。苏联科学院动物研究所研究了地球上许多动物的运动后，模仿其运动原理设计研制了各种新颖的交通工具：按蜘蛛的爬行原理设计出军用越野车；根据蛇的爬行原理改善了履带车的噪声；利用企鹅奔跑的原理设计了雪地汽车；参照袋鼠的运动方式来设计可以跳越障碍的越野车。人们从恐龙具有高强度咀嚼草料功能的双层锉刀式牙齿上受到启发，制成了类似“龙牙”的有两排刃齿的联动刃钻头，大大提高了钻机的效率。瑞士人斯美托拉打猎时，经常看到野牛蒡种子牢牢地附着在猎狗身上。他仔细查看发现，原来牛蒡种子上的钩挂在了卷曲的狗毛上，由此受到启发，设计出粘离自如的尼龙搭扣。

（7）方法仿生。1915 年 4 月 22 日，第一次世界大战期间，德军在比利时的伊普雷战役中使用了 180 吨的液态氯气攻击对方阵地，致使英法联军的 1500 人中毒，5000 多人丧命。

同时，大量野生动物也中毒死亡。但令人惊奇的是，唯有野猪安然无恙。这一现象引起了英法联军的极大关注，他们派出最优秀的化学家深入实地考察研究。通过反复调查，他们发现，野猪特别喜欢用嘴巴拱地。当它们嗅到强烈的刺激味时，常用拱地来躲避刺激。后经进一步分析认为：它们在拱地时，松软的土壤颗粒吸附和过滤了毒气，才使野猪幸免于难。于是，化学家们从中受到启发，根据这一原理首先找到了既能吸附有毒物质，又能畅通空气的木炭，而后很快设计制造了世界上首批防毒面具。

（8）结构仿生。现代社会的各种建筑物的结构形式、受力原理很多是得到生物的启示的，如用材少而受力好的空心结构、壳体结构、蜂窝结构、网状结构等。当下全球变暖，很多国家倡导低碳经济，低碳建筑——一种向生物学习更好地利用自然能的建筑也在不断出现。

（9）综合仿生。对同一事物从不同角度观察可获得各种不同的启迪。例如，通过对蜜蜂筑巢的研究，人们模仿蜂巢制造出自重轻、强度高的蜂巢夹层结构（在 B52 轰炸机上就采用了这种结构）。但如果再研究蜜蜂的定向能力、蜂群信息的传递方式等，则可获得另外的有益启示。再如，从蜂蜜的久藏而不变质是否能找到一种食品保鲜的新方法。现在甚至有人在研究蜂群的组织分工，以期在管理学上有所借鉴。

第七章

变异型创新技法

反一反、变一变，简单而不失奇妙，既是智慧，又是境界。

第一节 丨 变异型技法的原理特点

哲学家说：变是绝对的，不变是相对的。变是创造新事物、引发新思想的重要手段。

一个事物的属性是多种多样的。事实上，不仅可以利用事物的相反属性，还可以对事物非对称的属性如形状、尺寸、结构、材料等进行变化，这样也会导致发明创造。这种创造原理被称为变异原理。

变异就是通过改变而产生差异的创新方法。变异通常有两种类型：一是改变事物的形态，如大小、结构、现状、颜色、气味、状态等；二是改变思维的路径，如从正向或顺向思维转为逆向思维、还原思维、侧向思维、迂回思维等。直线思维或定向思维是创新的一大障碍。转换思路、旁敲侧击、另辟蹊径，解决问题的关键往往在问题之外。所以，从反面或侧面去思考、探索，可以挑战习惯性思维，克服心理定式。这无论是在理论创新上还是技术、产品创新上，都有出奇制胜的作用。

任何一个事物、一个产品都有许多属性，巧妙地利用其中一些属性，或用一定方法在一定范围内改变其属性，就会创新。如火车车轮在铁轨上滚动时，在铁轨的接缝处会产生冲击，发生强烈刺耳的噪声。国外的一项无声铁轨的专利技术只是把接缝的形状稍微改变，就使得列车行驶的噪声大大降低。

又如在拆除废旧建筑时，常采用定时爆破的方法，但爆破时，不能同时将所有的炸药引爆，而是根据需要，将安装在建筑物各处的炸药依次延时引爆。对引爆时间的改变，不仅可以使建筑物按预先设定的方向倒塌，还能避免爆破物无序地飞溅。

第二节 丨 典型变异型技法——反向求异法和形态变异法

一、反向求异法

（一）反向求异法概述

1. 基本原理

根据辩证法的基本原理，任何事物都包含着对立的两个方面。这两个方面既相互依存又相互排斥，存在于一个统一的整体中。人们在认识事物的过程中，实质是在同时与事物的正反两方面打交道。只是在日常生活中，人们往往运用习惯性思维，只看到其中的一面，久而久之，就按正向思路（普遍或常见的想法）去思考问题，导致所形成的认识、设想也越来越普遍、平庸，且无法全面去考虑认识事物。

可见，要想创造性地解决问题，采用辩证思考的方式，逆转一下正常的思路，从反面换个角度想想，很可能会产生突破常规、常理的创新思路。如人走路都是要迈动双脚才能逐步前移，但如果双脚不动而让路面移动，人同样可以前进。于是，人们发明了自动扶梯、电梯、传输带等设施。

2. 多种形式

对立统一的形式多种多样，每种对立统一的形式都有一种反向思考的方式。

归纳起来，反向思考有如下形式：

（1）性质上对立两极的转换。如软与硬、快与慢、强与弱、美与丑、明与暗、优与劣等。

（2）结构、位置上的互换、颠倒。如上与下、左与右、内与外、前与后等。

（3）功能或过程上的逆转。如电转为磁与磁转为电；做功与蓄功；气态变液态与液态变气态；放大 A、不改变 B 或不改变 A、缩小 B；A 动 B 不动或 A 不动 B 动等。

（4）缺点逆用。有意识地开发利用事物的缺点，变短处为长处、变缺陷成优势、变废为宝等。

（5）破坏。创新的实质是破与立，有意突破看似权威、典范的事物，以质疑的眼光寻找创新契机。

3. 主要特点

（1）普遍性——对立面在现实世界中可以说是无处不在、极为普遍。同时，对立面也是构筑现实事物的素材，支配着现实世界的变化。

（2）批判性——创新是对传统、习惯、常识常理的反叛，是对天经地义、绝对正确的挑战，反向求异显而易见的好处是可以克服思维定式，破除由经验和习惯造成的僵化认识模式。

（3）新奇性——既然摆脱了循规蹈矩的传统习惯方式，从反面或侧面去思索，其结果显然也会是人们不易想到的，让人耳目一新。

（二）反向求异法的具体思路与方法

1．原理相反

科技史上有些重大的创新发明其起源就是在原理上作相反的想象。

1819 年，丹麦的奥斯特发现了通电导体可使磁针转动的磁效应；1820 年，法国的安培发现通电的螺线管具有磁性。英国物理学家法拉第想："为什么不能用磁产生电呢？"之后，经过 9 年艰苦探索，他终于在 1831 年获得了成功，发现了电磁感应现象，由此创制了世界上第一台发电机，开启了人类进入电气化现代文明的新时代。

类似的，1877 年爱迪生在试验改进电话时发现：传话器里的音膜随着声音能发生有规律的振动。那么，同样的振动是否能转换成原来的声音呢？根据这一想法，爱迪生发明了人类第一台会说话的机器——留声机。

法国生物学家巴斯德发现食物变质是细菌繁殖所致，只要将食物煮沸杀菌便可防止变质，此即热藏防腐法；英国科学家开耳芬从反面思考，将食品降温冷冻，使细菌停止活动，同样可以防止变质，这便是冷藏防腐法。

现代生活用吸尘器，其原理也是与常规方式相反的创造成果。通常桌子、物品上积了灰尘，都是用“吹”的方式将其清除。但是地面上的灰尘垃圾，如果也用“吹”法清除，势必弄得满屋子尘土飞扬。于是就反过来，吸尘器便得以诞生。

2．功能相反

这是按照事物或产品的现有功能进行相反的考虑，从而设计出新的产品的思路。

成语“煽风点火”的潜在意思是风能助燃生火。但是，在某种条件下，风又能灭火。1987 年，我国大兴安岭的森林大火造成巨大损失，怎样的灭火器材更好呢？伊春林区有位郭师傅从吹灭蜡烛这一现象找到灵感——可以以风来灭火。经过研制，他发明了轻便有效的风力灭火机。

3．结构相反

将已有事物的结构形式进行相反的考虑，也能进行创新。

在日常煮饭做菜时，锅都是架在火的上方。夏普公司一开始在开发电烤箱时，同样是把热源放在下面，须烤制的鱼或肉放在上面。在加热过程中，这种结构必然会产生以下问题：鱼、肉经烘烤而析出的油脂会往下滴，掉在电热丝上会产生大量焦烟，污染环境。技术人员想了不少办法，最好的方法就是做简单的结构变换，把加热用的电热丝装在烤箱上部，所烤食品置于下方，这样即便鱼、肉的油脂掉下去，也不会接触电热丝，烟雾的困扰不复存在。

建筑技术的变迁也含有结构性反转的贡献。在先期的建筑中，墙壁有着双重的功能：既有分隔作用，又有承重作用。后一种功能要求建筑师在设计高层建筑时，得用厚厚的墙，以支撑整个建筑物的累积重量。这不仅使得墙体异常笨重，也限制了高层建筑的进一步发展。为此，建筑师们不得不考虑结构承重的转换：让构架来支撑建筑物，每层楼板由框架梁来承载，而墙壁仅起分隔空间的作用。如此，内墙可以采用轻质材料，并能在工厂预制，不仅重量减轻、隔音隔热效果提高，还可减少墙壁的厚度，提高使用面积，施工也非常方便快捷。而外墙则可以采用玻璃幕墙，使得整个建筑物的外观更加漂亮、壮观。

4. 属性相反

事物的属性是丰富多彩的，其中有不少属性呈彼此对立状态，如软与硬、轻与重、滑与涩、干与湿、直与曲、柔与刚、空心与实心、美与丑、香与臭、坚固与脆弱等。有意将某一属性以相反的属性取代，可以达到与众不同的效果。如将液体酒精变为固体酒精，即可便于运输和携带，将固体肥皂变为液体肥皂（洗手液、洗涤剂、洗发水），则使用起来更加方便。

酒心巧克力是怎么做出来的？按习惯思路，要想办法把酒用巧克力给包起来，或者做一个空心的巧克力球，再设法把酒给灌进去。不过，按照属性相反的提示，人们先将酒冷冻成冰珠，再在巧克力浆里一滚，便做成了酒心巧克力。道路本应该是平坦的，如压上马赛克的减速带、双黄线标志等，就有了提醒和标志功能。

5．因果反转

这是指对事物原有的因果关系进行反转的创新思路。

在现有的产品中，实际上有不少是因果反转的产物。譬如进风扇反转为排风扇，空压机反转为真空机。平时用的排风扇，反转之即为进风扇。空气压缩机也可以充当真空泵，只要把进气口与出气口互换就是：将进气口接通容器，则对其抽气，做真空泵用；将出气口接通容器，便对其充气，成了空压机。

6．程序或方向相反

这是对思考或实施的过程做逆转变化而实现创新的方法思路。

(1) 工程技术人员使用的反求工程法即为转换思维法的一种。一般对工程技术的研究程序是：需要→设计→制造→成品，而反求工程法的程序则为：成品→拆开（了解制造技术、部件）→分析（设计方案）→需要。当今强调的制造业转型，很重要的转型是要从现有的“标准化、大规模、自动化”的生产方式改为“个性化、定制式、智能化”的生产方式，以更符合现代消费需求。

（2）在造船史上，反向建造法对造船的质量与速度有着重大影响。早先的船体结构装焊时都是在同一固定状态进行的，这样就有很多部位必须仰焊。仰焊的劳动强度大，质量不易保证，制约了造船业的快速发展。于是，有人便在船体分段结构装焊时，将须仰焊的部位暂不施工，待其他部位焊好后将整个分段翻个身，变仰焊部位为俯焊。显然，装焊的质量与速度都有了保证。

（3）俗话说万丈高楼平地起，在房屋建筑中，任何高楼都应从底层开始逐层往上建。如果要变换顺序，先建顶层，再往下层建造，就是“空中楼阁”的幻想。现在，这种幻想已成为高层建筑施工中的一种新型施工技术，即升板法。运用这一方法，在施工过程，先是将大楼的承重立柱竖好，然后在地面上浇制顶楼面的楼板，待其固化后，用升降器将整个楼面（甚至还可预装部分设备）吊升至其应有高度，并与立柱连接固定。之后再在地面浇制下一层的楼面，依次进行之。这样做的好处很明显，每层楼板都在地面施工，不仅方便快捷，还可省去层层楼面浇制的支托架。而且，当上层楼面固定后，便可实施内部分隔装修，形成立体施工，大大加快整个建筑装潢的进度。

二、形态变异法

成语“千姿百态”“多姿多彩”说的是大千世界的万事万物因其形态各异、五光十色而显得丰富多彩、赏心悦目，所以，改变形态是一种实用和常用的创新思路。

1．改变结构形式

（1）结构连接形式的变化设计，如下图：

合页连接形式的改变

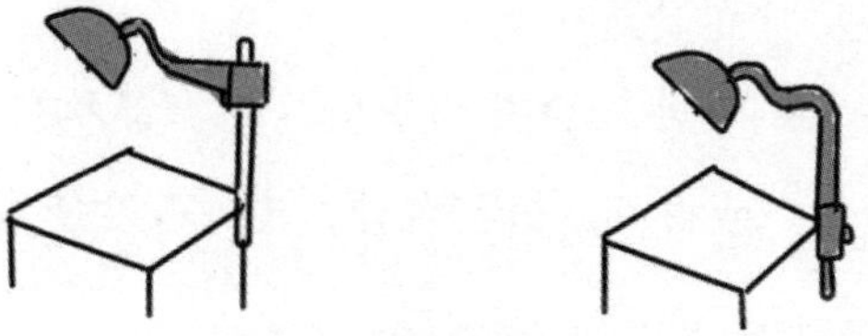

夹式台灯连接位置的改变

（2）改变作用力的方式，如下图：

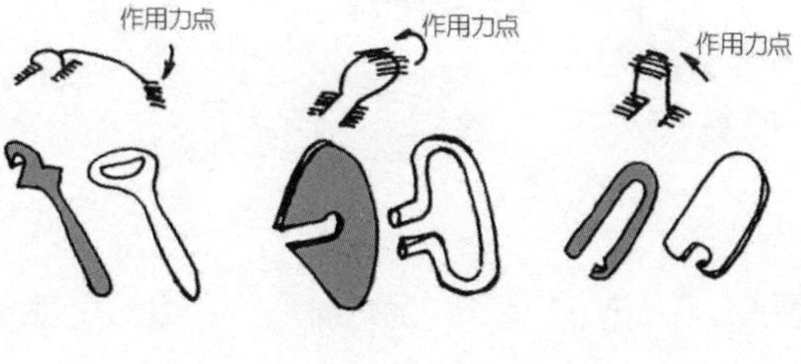

开瓶器设计

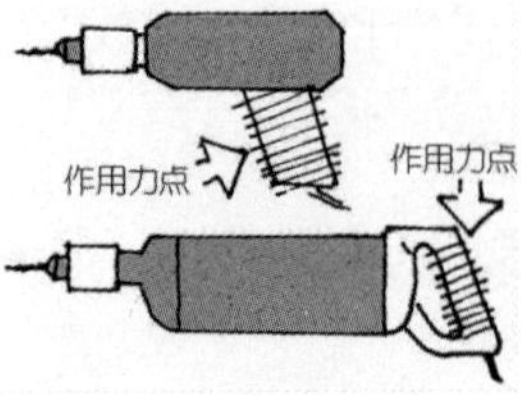

冲击钻把手设计

（3）改变运动的方式，如手机的翻盖和滑盖设计。

（4）改变受力方式，如悬索桥和斜拉桥、建筑的砖混结构和框架结构。

2．改变大小的设计

（1）变大与变小、合并与拆分。对产品构件从其大小上进行调整变化，或将其分拆与合并，由此改变使用的效果，不断催生新的产品。

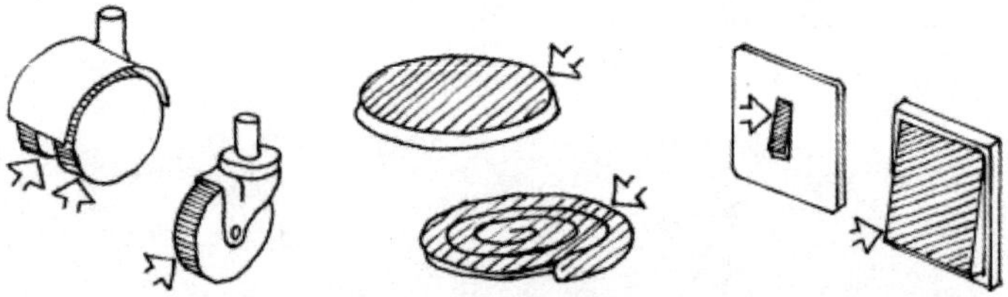

轮子　　加热盘　　按键开关

（2）产品小型化。产品小型化能节省空间、节省材料，也方便携带，是日常生活用品常用的创新方法。如便携车用冰箱可以手提、肩背、车载，适用于钓鱼、旅行、郊游、露营、狩猎、运动、家用、医用以及须保鲜保温产品的运输。

3．改变声、味、色的设计

所谓五彩缤纷、有声有色均指由颜色、声音、味道给人以感官刺激所得到的反应。如多股导线中的各根线采用不同的颜色，方便连接与检查；在煤气中加一些特殊刺鼻的气味，一旦泄漏便很容易被发现；在工作、学习、购物、生活等不同环境播放不同的背景音乐，会产生不同的作用——在超市播放舒缓的背景音乐，可提高购买率。

（1）改变声音。目前有种说法：“让商品自己说话”，使产品形象自我完善，并可自我介绍其性能、用法。自我张扬有利于增加商品的自身竞争能力。如有一种会说话的灭火机，能在紧急时用敏捷的语言提示操作方法：“请摘掉安全栓，管口对准火源，紧握手柄。”即使平时对灭火机毫不了解的人，听了提示后也可以运用自如。据说，国外有些药品包装也加进了语言提示，如何服药，一清二楚。有种语言化的布娃娃，内存 14 种语言，能讲 26 句话，可以与儿童会话，还会眨眼、张口，形态逼真，表情丰富。再如，某集团推出了“会说话的空调”，当室内温度偏低时，空调会发出“小心着凉”“当心感冒”之类的话语，特别受儿童与老人的欢迎。

（2）改变气味。借助于气味，可以增强对消费者嗅觉、味觉的刺激，从而达到产品创新的市场效果。日本最大的化妆品公司资生堂公司经过 10 年研究，提出一门大有前途的全新科学——芳香学，认为香味对人体生理有积极影响。研究证明，薰衣草和玫瑰花有镇静作用，柠檬能振奋精神，茉莉花能消除疲劳，薄荷能减少睡意。对计算机操作人员的实验表明，茉莉花香可使他们的键盘操作差错减少 30%，柠檬味可使差错减少 50%。据此，香味产品应运而生，香味管理法也同时出现——在不同时间通过空调散布不同香味以提高工作效率。还有一种香味闹钟，配有三个放香料的容器，每个容器都可以单独设置，从而在特定时间到来时，释放出特定的香味。例如，睡前释放催眠香料，要睡醒时再释放一种令人精神抖擞的香料。只要事先在控制面板上对时间进行设定，然后将香料容器压下即可激活。

稍加思考，香味开发在日用品中的应用数不胜数：

卫生用品：洗衣粉、肥皂、浴液、驱蚊、餐具、餐巾、卫生纸、口罩等；

燃放品：鞭炮、烟花、神香、蜡烛等；

文化用品：纸张、墨汁墨水、常用文具等；

针纺织品：时下国际上流行的香味布、香味纱或针纺织品，成衣中的香味衬衫、领带、外套等；

建筑装饰材料：有香味的涂料、墙布等；

赏玩物品：人造动植物、人造花卉、儿童玩具、小摆设、挂屏字画等。

总之，与人接触甚密的物品、用品都可以采取香味开发，以增加产品的功能与诱惑力。

（3）改变颜色。对物品常见的颜色进行改变，也能带来创新。如一般的棉花是白色的，但是天然彩棉就是带有颜色的。用天然彩棉做的衣物，不仅不用染色，而且还健康环保，受到消费者的欢迎。常见的冰箱和空调等都是以白色、银色为主色，随着80后、90后成为消费主体，一些家电品牌推出了彩色系列的产品，受到了年轻消费群体的青睐。现在还出现了彩色豆腐、彩色水饺、彩色键盘等，无一不是通过改变颜色进行创新。

4．改变形状的设计

通过形状的改变来改变事物的特性和功能是简单有效的常用创新方法。

（1）管理应用。如让日常生活中常见的红绿灯显示特定的形状，如掉头、左转等，就更加直观形象：掉头标志为红色时，表示此时禁止掉头；掉头标志为绿色时，表示此时可以掉头。这些信号，起到了管理道路交通的作用。

（2）科技应用。通过形状的改变，达到改善受力、提高强度、优化性能、节省材料等功效。如各种型钢尽量用在主要受力区，反之在受力小的区域则减少。

在桥梁建筑中，拱形设计不仅气派、壮观、好看，更节省材料、坚固耐用。著名的赵州桥距今已1400多年，经历过10次水灾、8次战乱和多次地震，特别是1966年邢台发生的7.6级地震，其依然安然无恙。

（3）特别功效。一种特别功效是使物品使用方便，如将常见的圆形灯泡变成扁灯泡，便于装箱；在常见的刷子手柄上设计一个洞，方便挂起来。另一种创新是提供特别的功效性能，如美国芝加哥的螺旋公寓：将高楼外形设计成螺旋形，这样在大风吹向大楼时，风就会顺着螺旋面往上去，由此将风力分解，以减少对大楼的正面风压力。再如大家常见的汽车轮胎，其表面花纹形状有许多样式，不同的轮胎花纹适合不同的行车和道路的需要。

第三节 | 其他变异型技法

一、重点转移法

重点转移法在第二章第四节的求异思维中已作了介绍，即以调整改变所关注的重点来出奇制胜的创新思路。

视|野|延|伸

淘金与卖水

19世纪中叶，美国加州传出发现金矿的消息，前去淘金的人趋之若鹜。在狂热的淘金潮中，成千上万的人都睁着发红的眼睛紧盯着金矿，拼命地去挖沙淘金，都认为只有金子才是财富。17岁的亚默尔也加入了庞大的淘金队伍。但遍地都是淘金者，不但金子难淘，生活也越来越艰苦了。当地气候干燥，水源奇缺，许多不幸的淘金者非但没有发财，反而命丧加州。

亚默尔听着周围人对缺水的抱怨，突发奇想：淘金的希望太渺茫，不如改去卖水。他随即将手中挖金矿的工具改成挖水渠的工具，从远方引来河水，注入水池，用细纱过滤，使之清凉可口的饮用水，然后将水装进桶里，挑到山谷卖给淘金的人。结果，当大多数淘金者空手而归时，亚默尔却在很短的时间里赚到了6000美元，这在当时算是一笔非常可观的财富。

二、还原分析法

此法是把发明创新的起点追溯到原点，即先暂时放下所研究的问题，反过来追本溯源，分析问题的本质，然后从本质出发，另辟蹊径，寻找新的创造方法。此法有“后退一步，海阔天空”之功效。

还原分析法之所以有可能为创造开辟新路，是因为囿于各人的经验或当时的条件局限，使得原有的问题存在未被认识到的方面。随着技术的发展、认识的深化，再回头审视时，便会萌生新的创造契机。

还原分析法具体可分两种方式：

1．还原换元方法

此法是先对事物进行反向还原分析，找到其发明的原点之后，再代之以新的原理与技术，达到创新目的。譬如对电风扇的创新开发，通常厂家都在增加功能、方便使用、改进外形、改进工艺材料方面动脑筋，这样做的结果是继续提高和完善产品性能，或降低生产成本，但一般不会有根本性变化。而采用还原设计时，则是先找到电扇发明的初衷何在：无非是搅动空气，引起空气快速运动而成为风。那么，让空气运动起来是关键所在。之后，在现代技术中寻找有哪些方式能产生此效果。比如，用压电陶瓷夹持金属板，通电后，金属板会快速震动，从而激发空气运动。以此理念设计的新型无叶电扇，没有扇叶、重量轻、体积小、耗电少、噪音低，是与传统风扇完全不同的新产品。

2．换元还原方法

这是指在进行事物创新时，先避开原有事物，选一替代事物进行模拟研究，之后再应用到原定的对象上去。譬如在产品开发时，先做模型试验；在试验新药时，先以动物为试验对象。这些方式都运用了换元还原思路。

气泡室的发明就是一个典型例子。气泡室是探测高能粒子运动轨迹的仪器，发明人是美国核物理学家格拉塞尔。这一重大发明的思路来源于他一次喝啤酒的发现：他看到杯中的啤酒不断冒出的小气泡，突然想到以啤酒作为高能粒子要穿过的介质，随手拣起几粒鸡骨代替高能粒子，待酒杯中气泡消失后，便将鸡骨丢进杯中。只见随着碎骨粒的沉落，周围不断冒出气泡，气泡清晰地显示了鸡骨下落的轨迹。据此，格拉塞尔经过反复实验，终于发现，当带电粒子穿过液态氢时，所经过的路线同样会出现一串串气泡。于是高能粒子的飞行轨迹得以显现，格拉塞尔因此荣获诺贝尔物理学奖。

三、回采创新法

历史表明，许多被弃置不用的“陈旧”事物，只要用现代技术开发的新东西（主要为新材料、新技术、新观念）加以改造，往往会导致新的创造，如现代帆船、宫廷菜肴、北京布鞋、传统养生保健术等。

四、缺点逆用法

优点和缺点其实是相对的。垃圾是放错了位置的宝物，有意识地开发利用事物的缺点，可以变短处为长处、变缺陷成优势、变废物为宝物。“以毒攻毒”就是我国中医宝库中出奇制胜的妙招。事实上，技术史上一些别具一格的发明创新，也不乏采用“以毒攻毒”方法的案例。例如，腐蚀是金属的大敌，但利用腐蚀的原理却发明了蚀刻和电化学加工工艺金属的腐蚀；机械的不平衡转动会产生剧烈的振动，利用它，有人发明了振动筛、振动给料机、蛤蟆夯。

泰坦尼克号轮船在启航不久后就遇险沉没，此事使许多人深感震惊。肇事的祸根是：从北冰洋漂过来的冰块使船底的局部出现低温，船底的焊接部分产生低温脆性。资料表明，含碳高的软钢在－100℃左右时，其耐冲击强度接近于0，此时钢的韧度几乎完全丧失。低温脆性致使这艘号称不沉之轮的豪华巨轮惨遭灭顶之灾。但是，这一特性在今天得到了利用，被利用产生了低温切削新工艺：软钢在－100℃—－150℃时失去韧性，此时作切削加工，比常温下要容易得多。利用低温脆性开发的低温超细粉碎技术则造福于多个领域，如对中草药进行低温超细粉碎，便能大大提高其药效。

第八章

优化型创新技法

精益求精、好上加好，才能不断进步、持续发展。

第一节 | 优化型技法的原理特点

优化的要义是在给定的条件下，消耗最少，收效最好。

有人问马克思：您最欣赏的艺术形态是什么。马克思说：简单。“简单就是美”大约就是源于此。

咨询专家吉福德·平肖说：“最有效的创新都简单得惊人，其实，一项创意所能得到的最高褒奖就是别人说一句‘这个一看就懂，我怎么没有想到呢’。”

简单是大自然的选择。如果可以将大自然人格化的话，那么，大自然重要的品性之一就是节约。

为什么西瓜、苹果、葡萄是圆的，为什么月亮、地球、恒星是圆的，为什么水滴、分子、原子同样是圆的？数学告诉我们，圆形的建构耗材最少而体积最大。

为什么水往低处流？因为有地球引力的帮助，用不着自己费力。

为什么向日葵秆、稻秆、麦秆以及许多草本植物的茎秆都是空心的？其奥秘就在于用最少的材料，来取得最稳固的结构。草本植物在风和果实本身重力的作用下，茎秆将发生压缩、扭转和弯曲。从力学角度分析，实心圆秆和空心圆秆在直径相同的条件下，两者的抗扭和抗弯能力相近。显然，空心秆更有利于把摄取的营养集中到果实上来，同时也缩短了生长期。

所以，简单是优化的命门。简单才是本质，才更实用、更方便。简单思维是一种态度和智慧，既显灵气，又接地气。将简单思维贯穿于创新之中，就能对已存在的司空见惯的事物或情况进行改善或者变革，得到许多意想不到的效果，让人眼睛一亮、赞叹不已。

当然，要做到“简单”其实并不简单，往往需要更加广博和专深的知识。常言道“从俭入奢易，从奢入俭难。”这句话虽然讲的是生活方式“俭”和“奢”之间的关系，但是放在优化创新的情境中同样适用。给一个已有的事物增加功能和要素相对来说是容易的，但是要给它减掉一些要素，又保持功能不变，甚至是增加或者优化功能，却不是一件容易的事情。

第二节 | 典型优化型技法——简化法

简化需要紧扣主题、突出重点，以最小的投入获得最大的效益。简化是实现优化的重要路径，其方式灵活多样。

一、实现简化的原理法则

1. 砍掉不必要的东西

奥卡姆一生写下了大量的著述，但最享盛名的还是“如无必要，勿增实体”八个字，即如果没有必要，就不应该去增加事物实际存在的含量。其本意是：只承认一个具体存在的东西，凡干扰这一具体存在的空洞的普遍性概念都是无用的累赘和废话，应当依据这一原则一律取消。此即“奥卡姆剃刀原则”，在逻辑学中又被称为“经济原则”。

世界上最早诞生的火车的车轮和铁轨被设计成齿轮齿条状。专家们认为，如果不这么设计，火车会打滑甚至脱轨。机车司炉工斯蒂文森望着复杂的车轮想：将齿圈和齿条去掉将会怎样呢？结果，去掉齿圈和齿条之后，火车不仅不打滑、不脱轨，反而风驰电掣、飞奔疾驶，速度提高5倍以上。斯蒂文森也因此被载入人类交通发展史史册。

现代企业发展的一个重要理念是：做自己所强，其他的让别人去做。只专注于自己的专长和特色，尽量将自己的弱项剔出去，外包给其他专业机构去做，如物流、后勤、财务、人事、采购、设计等都可以外包出去。这样，企业就非常精干、高效。耐克公司精于此道，堪称典范。耐克公司只做两件事：研究设计和营销策划，其余都交给合作公司去做。

2．不循常规，用自己的方法

不要受知识和经验的束缚，非得迈着方步走路。用最简单的方法去解决最复杂的问题，有时候也是最有效的方法。这也是简单思维的一种运用。

中国有一句俗话，叫作“快刀斩乱麻”。在古希腊，则有一个“戈迪阿斯之结”的故事。

“能解开这个结的人，将把全世界变成自己的王国。”神使说。

自此以后，每年都有很多人来解这个结，可是绳头都看不到，他们不知从何下手。

几百年之后，来了一位年轻国王亚历山大。亚历山大仔细察看了这个结，也找不到绳头。于是，他举起剑来一砍，死结应声散开。

“整个世界属于我。”他说。

亚历山大避免了用复杂的方法来解这个复杂的绳结，只是用了一个简单的动作——挥剑一砍，问题便解决了，留下众人的惊叹——原来可以这么简单。

3．改变思路，复杂成简单

解决一个问题往往有多种思路和方式，千万不要简单地认为洋办法一定优于土办法、理论方法一定优于试验方法、高科技一定优于低科技。受知识与经验的束缚，人们在解决问题的时候，常常会出现“牛刀杀鸡，费力不讨好”的尴尬。

爱迪生有位助手叫阿普顿，出身名门，是大学的高才生。在那个门第观念很重的年代，阿普顿对小时候以卖报为生、自学成才的爱迪生有些不以为然。

一天，爱迪生安排他做一个测算梨形灯泡容积的工作。他一会儿拿标尺测量，一会儿计算。几个小时后，爱迪生进来了，问阿普顿是否已计算好。满头大汗的阿普顿忙说：“快好了，就快好了。”爱迪生看到稿纸上复杂的公式明白了怎么回事，于是拿起灯泡，倒满水，递给阿普顿说：“你去把灯泡里的水倒入量杯，就会得出我们所需要的答案。”

阿普顿这才恍然大悟：哎呀，原来这样简单！从此，他对爱迪生产生深深的敬意。

爱迪生只是将思路进行了转换。用直接的方法难以测量，那么，就用间接的方法，问题就变得简单多了。

视|野|延|伸

洋设备与土办法

新中国成立初期，某大学一个研究室需要弄清一台进口机器的内部结构，却没有任何的图纸资料可以查阅。这台机器里有一个由100根弯管组成的固定结构，要弄清其中每一根弯管各自的入口与出口，是一件相当麻烦和困难的事。研究室负责人召集有关人员攻关。他提出，完成这一重要任务，时间既不能拖得很久，花钱又不能太多。他希望大家广开思路，不管是洋办法还是土方法，一定要简便易行。

参与此事的人纷纷开动脑筋，先后提出了分别往每一根弯管内灌水以及用光照射等许多办法。有的人还提出让蚂蚁之类的小昆虫去钻一根一根的弯管。

大家提出的办法虽然都有可行性，但却很麻烦费事，要花的时间和付出的代价不少。后来，这所学校的一个老员工提出，只需要两支粉笔和几支香烟就行了。

他提出的做法是：点燃香烟，深深吸上一口，然后对着管子往里喷。喷的时候在管子的入口处写上“1”。这时，另一个人站在管子的另一头，见烟从哪一根管子冒出来，便立刻也写上“1”。其他管子也都照此办理。不到两小时，100根弯管的出入口都弄清楚了。

二、简化的方法与技巧

1．简约化

世界上有许多长篇巨著，几十万字甚至几百万字，一般人难以通读涉猎。因此，简写本、摘要本等不断诞生，有些书的发行量远远超过原著。同样的，报刊文摘、海外文摘、资料卡片类杂志也因包罗万象而拥有大量读者。

在企业管理中，可采用淘汰法，减去那些可有可无的环节，使生产过程简化。如日本的丰田汽车厂严格控制工序和数量，使前一道工序的产品，正好是下道工序所需的量，因而减少了车间储存的管理环节，降低了成本。

2．减少、节省

许多人不屑一顾的小事情中往往隐藏着成功的因素，这全靠用心去发掘。

著名石油大王洛克菲勒就是由小事做起而逐步发迹的。早年，洛克菲勒只是石油罐盖自动焊的一名检查工。罐盖每焊一圈，焊油自动滴下39滴，天天如此，谁也没有认为这有什么可以改进创造的。但洛克菲勒却想能否减少1—2滴焊油。经研究改进，他设计了只需38滴焊油的自动焊生产线。仅仅是一滴之差，每年可给公司带来百万美元的效益。洛克菲勒从眼前、身边的小事做起，以“一滴智慧”的精神改变人生，成了举世无双的石油大王。

3．傻瓜化、懒人化

在生活节奏越来越快的时代，人们也希望操作更简单，使用更方便。借助智能化、标准化、预加工、预处理等措施，人们开发出了诸如只需一键搞定的傻瓜型操作、一冲即饮或开封即食的方便食品饮料。

武汉农博会推出过七八千种“懒人食品”。这些产品将为那些不会做、没时间做、懒得做却又喜欢美食的人带来口福。如采取流水线将蔬菜洗净、切好并真空包装的“快捷菜”；罐装排骨煨藕汤，正好够三口之家一餐食用，放进微波炉，3分钟就搞定；方便馄饨，食用方法与方便面一样，8分钟可以泡熟；为出门旅游者开发的开袋即食礼包，一提就可上路出发。

4．“短路”化

如燃料能量利用的“短路”——煤在高温下与水蒸气、空气或氧气发生化学反应，便可产生可燃气体。经气化处理后，煤的热值可提高1.5—1.9倍，但把煤开采出来，运往气化厂的过程是费工费时的。有人便研究发明让煤在地下直接气化的方法，显然，其效益非常惊人。

管理“短路”——现代企业结构扁平化同样可使管理效率提高。杰克·韦尔奇的改革使通用公司的管理层从20多层减至6层。

营销“短路”——戴尔公司便采取了营销“短路”的销售策略。戴尔直销尽量减少中间环节，使电脑的库存时间从10周减至6天。之后，戴尔成为全球第二大电脑商。

5．微型化

有时候，将已有的事物的体积、重量等变小，也能进行创新。在琳琅满目的商品中，那些小巧玲珑的物品特别引人关注。诸如掌上电脑、手表状的微型电视机、可以装在眼镜架上的袖珍收音机、笔记本大小的迷你复印机甚至是可随身携带的“小厕所”。法国制成的小摩托车自重仅2.5公斤，时速可达80公里；日本出产的“小”汽车也小得可以一只手提着走。

6．拆折化

缩小的另一种途径是通过折叠、弯曲、盘卷、排放气体（液体）、拆卸等方法，让产品在非使用状况下变小，如折叠床、缩骨伞、卷尺、拉竿式钓鱼竿、充气筏或充气房子等。有种残障人士用的便携式轮椅，重3公斤，能在几分钟内拆开，装进直径60厘米、厚度12厘米的套袋随身携带，甚至不影响上飞机；有种扣在手腕上的微型救生垫，当人在水中遇险时，拉动引线，空气垫便自行弹出，几秒钟内自动充气，其可浮起135公斤的人；英国产的折叠船折叠后成一手提箱状，仅15.8公斤，使用时只要1分钟便可张开。这种折叠船可坐两个大人、两个小孩。

7．模拟、替代

有些问题可能难以直接处理，那么采用模拟或替代的方式或许能化难为易。

美国某个州举办了一次中学物理实验竞赛。这个竞赛不是按照一定的仪器和步骤去做，而是要求命题、实验、结论全部由学生自己考虑。有个中学生的命题是“人的吞咽是否同地心引力有关”。有同学嘲笑他说，这大概要让宇宙飞船里失重的人去做。但他说不需要。他的实验方案是让三个同学靠墙边倒立，头朝下，脚朝上。然后他挨个喂面包给他们吃，看他们能否吞咽下去，结果三个同学都吃下去了。有一个同学甚至说：“似乎比站着吃味道更好。”于是明白无误的结论是：“人的吞咽与地心引力无关”。命题、实验、结论都有了，也不用上天，最后他得了第一名。

8．组合、多功能

通过组合创新，可以达到一物多用或灵活应用的目的。如我们说过的瑞士军刀几乎成了日用工具箱，但却集中在一起，便于携带，非常方便。在日常生活用品中有很多这样的创新。

9．变固定为可动

有些机构或部件采用可变或可拆结构，就可以给使用和维修带来方便。如活动扳手是将其卡口的一边做成可以移动调节的，以适合不同直径的螺母。

视|野|延|伸

请老鼠帮忙

几个装修工在帮助客户装修房子时遇到了一个问题：要把新电线穿过一个10米长，但直径只有2.5厘米的管道。管道砌在墙壁的砖石里，并且转了4个弯。

这是个很难解决的问题，看来要把电线装好，就必须打烂墙壁。不过这样不仅要花费不少钱，房子的主人也很不愿意。

大家想了很多办法，就是想不出不毁坏墙壁就能让电线穿过去的方法。

突然，有人想到一个点子。大家一听，连连称妙。根据这个点子进行操作，果然很快就把问题解决了。

解决这一难题的主角，竟然是两只小白鼠。

装修工人到商店买来两只小白鼠，一只公的，一只母的，然后把一根细线绑在公鼠身上，并把它放到管子的一端。

另一名工作人员则把那只母鼠放到管子的另一端，逗它“吱吱”地叫。公鼠听到母鼠的叫声，便沿着管子跑去救它。

公鼠沿着管子跑，身后的那根线也被拖着跑。电线拴在线上，小公鼠就拉着线跑过了整个管道，接着，电线就可以用线拉过去了。

简单的思维是一种智慧，是一种精明，反映出灵活和敏捷。将简单的思维贯穿于问题的处理之中，常常能起到许多意想不到的效果，而且人们一经领悟后，会由衷地叹服其绝妙。

第三节 | 其他优化型技法

一、强化技法

强化技法用的是与简化方法相反的思路，通过突出并加强某些功能、数量、体积、速度、强度、环节、组织、结构等，同样可以达到优化的目的。如对物体容易磨损部位进行强化，以提高整体的使用寿命；富氧炼钢可以提高效率，富氧医疗对窒息的抢救很有帮助等。

哈佛大学著名的竞争三大战略之一为“优势聚集”，即集中可能的多种优势为我所用；毛泽东创建的十大军事原则之一是“集中优势兵力打歼灭战”；在日常工作中，调动人力、物力、财力进行集中攻关等都是创新的强化方式。

二、最优化方法

最优化方法是针对所研究的系统，寻求一个合理运用资源条件的最佳方案，以发挥和提高系统的效能及效益，最终达到系统的最优目标。最优化一般可以分为最优设计、最优计划、最优管理和最优控制等四个方面。

优选法是以数学原理为指导，合理安排试验，以尽可能少的试验次数尽快找到生产和科学实验中最优方案的科学方法。它是一种应用面广且易于普及的最优化方法。在20世纪70年代，我国著名数学家华罗庚曾大力宣传和推广优选法（即0.618法、黄金分割法）。全国各行各业都将优选法运用于生产实践，从而产生了巨大的经济效益。有研究表明，采用优选法做16次试验相当于用均分法做2500多次试验的效果。例如，在一种试验中，温度的变化范围是0℃—10℃，人们要寻找出在哪个温度时实验效果最佳。为此，可以先找出温度变化范围的黄金分割点，考察 $10\times0.618=6.18$（℃）时的试验效果，再考察 $10\times(1-0.618)=3.82$（℃）时的试验效果，比较两者，选优去劣。然后在缩小的变化范围内继续这样寻找，直至选出最佳温度。

三、文化融合法

这是社会发展进步的大趋势。人们的物质生活越来越丰富，对精神生活的需求越来越强烈。无论是管理创新还是产品创新，文化的融入可以产生物质所难企及的优化功能。比如体验经济、人本管理、工业设计等都是侧重于精神因素的优化创新方法。

工业设计从一开始，就强调技术与艺术相结合，所以它是现代科学技术与现代文化艺术融合的产物。它不仅研究产品的形态美学问题，而且研究产品的实用性能和产品所引起的环境效应，使它们协调统一，更好地发挥效用。其目的是更好地满足人们生理与心理双方面的需求。工业设计不仅推动了商品社会的发展，还促进了社会文明与和谐，并创造了高附加值的产品。

工业设计的功效惊人。据测算，工业产品外观每投入 1 美元，可带来 1500 美元的收益。日本日立公司的数据显示，该公司每增加 1000 亿日元的销售收入，工业设计所占的作用比为 51%，而设备改造所起的作用只占 12%。

四、追踪趋势法

现代科技日新月异。时时关注科技的新发展、新成果，追踪前沿，引入应用，驾驭趋势，无疑会增强创新的科技贡献，优化创新成效。

1．制造产业的大趋势

制造产业是国民经济发展的基础。制造产业发展的关键是与信息技术密切结合，其发展的总趋势可以归纳为“精、微

（大）、高、绿、综、集、自、数、网、智”十个方向。

精密化：当前加工制造的精度已从微米级进入纳米级，即相当于移动一个分子和原子的水平。产品的精密化不仅可提高机器的工作性能，还会延长机器的工作寿命等。

微型化（或大型化）：微型化使产品精致灵巧，如芯片、电子仪器、精密机械等。而相反的大型化则凸显其规模效应，如船舶、飞机、大型发电机组、大型工程机械等。

高速化：速度往往与效率相关联，所以许多机械设备正向高速化方向发展。

绿色化：21 世纪的主题之一是“绿色发展”，在制造业中，应积极倡导节能减排、减少浪费、提高效率、循环利用等优化创新。

综合化：如今的产品既要性能优越，又要简单可靠，需要综合多种技术才能实现高技术指标条件下的全方位的优化作业。

集成化：把某些东西（或功能）集合在一起，使一个设备（或元器件）具有多个功能，而不是一个设备一个功能。集成化、模块化是机械工程发展的基本方向。

自动化：提高机械设备的自动化程度始终是人们追求的主要目标，这不仅可以减轻工人的体力劳动，而且对提高机器的工效也具有十分重要的意义。

数字化：数字化技术的使用和推广，使机械制造各个工作过程的精度和准度进一步得到提高，使机械设计和制造过程更趋向科学化。

网络化：网络技术可以将机器生产的各个过程联系起来，或通过网络技术来完成机器设计、制造以及使用维护等的各个过程，达到高效、高速、高技术性能、高经济性、各种资源的高度共享等。

智能化：机械设备的重要发展方向是实现智能化，如智能计算机、智能车辆、智能机器、智能仪表、智能机器人、智能制造、智能材料和智能建筑等。

2. 未来工厂的两大革命

现代科技的发展创新为未来工厂提供了两大革命：机器人革命和3D打印革命。

2008年金融危机以来，全球经济复苏乏力，欧美各国纷纷回归制造业，掀起制造业“再工业化”浪潮。其中，发展工业机器人已经成为美国重振制造业和德国实现传统产业转型升级的战略途径之一。2012年，德国推行了以智能工厂为重心的“工业4.0计划”。依此计划，通过智能人机交互传感器，人类可借助物联网对下一代工业机器人进行远程管理。2011年6月，美国政府宣布启动《先进制造伙伴计划》，明确提出通过发展工业机器人提振美国制造业。根据计划，美国将投资28亿美元，重点开发基于移动互联技术的第三代智能机器人。

3D打印的特点是即使是非常复杂的东西，都可以抛开各种昂贵的机械和繁杂的工具和工艺，轻松自如且毫无废料地被“打印”出来。它是一种实在而奇妙的制造技术，轻而易举地解决了其他制造技术难以跨越的屏障。可以预期，工厂化规模的3D打印技术将快速兴起，必将开启先进制造业3D打印工厂的新时代。

视|野|延|伸

德国的“工业4.0计划”

德国人认为，工业1.0的标志是18世纪末开始用机器代替手工劳动，进入工业化社会。

工业2.0标志是20世纪初开始形成电气化和生产线，把零件制造和整机制造分开，对零件进行大规模的生产，然后在流水生产线上进行装配生产整机。

工业3.0是20世纪70年代开始出现的电子和信息化技术，机器人逐步代替人类操作。

工业4.0是未来十年，通过网络技术来实现信息、物体和人之间的互通融合，来决定生产制造过程，达到制造业的智能化。

第九章

拓展型创新技法

很多的创新来自于如何创造性地运用已有的新技术，而非创造新技术。

第一节 | 典型拓展型技法——拓展扩散法

一、拓展扩散法的原理依据

所谓拓展，是对现有的思想、原理、技术、材料、产品进行深度开发，增强功能，扩大应用，完善系列配套，使之改进、提升。

拓展扩散创新技法是以现有的事物为基础，拓展应用至其他事物，使之产生新的变化和效果。其依据如下：

1．事物本身具有的多面性

世界上各种事物都有其特定的功能。如扫帚用来扫地，杯子用来盛水、书报供人阅读、砖块是建筑材料……但实际上，这都只是人们的常用方面，其潜在功能远不止于此。在特定情况下，扫帚可作扁担、武器；杯子可做量具、乐器；书报可作包装袋、铺垫物、练毛笔字的纸、引火燃料；砖头可当压载物、道具、体育训练物等。显然，对潜在功能的开发，会带来新的思路，创造新的产品。

2．事物之间存在的关联性

世界的万事万物看似各不相干，实际上往往都会有直接或间接的关联，由此，某种原理或事物就有可能应用或推广至新的领域。

3．创新思维的发散性

发散思维是创新思维训练的重要内容，是创新者应有的能力。这一能力为实施拓展创新创造了条件。

二、拓展扩散法的特点

1．简单实用，适用面广

由于拓展扩散法是以现有的事物为基础，故直观实在，便于把握。对拓展的主体或客体都可以作拓展尝试，其适用的对象范围并无特别限制。

2．机动灵活，随处可用

拓展扩散既是一种创新技法，也是创新思维的一种训练，养成习惯就会自然受益。扩散的方式既可以是独自天马行空、自由畅想，也可以跟朋友在一起互相启发、头脑风暴。

三、拓展扩散法的思维路径

拓展扩散的要义是扩大思维空间，其思考路径具有多向性。

（1）纵向拓展——按原思路向前后（正向和反向）作延伸思考，如产业链向其供方（前端）和向需方（后端）作延伸，以扩大产业空间；特定产品向高端客户或大众客户做延伸。

（2）横向拓展——按原思路向侧面作延伸思考，如发展相关产业、开发相关客户、针对相关需求开发相关产品。如方便食品有方便面、方便米饭、方便米粉、方便饺子、方便馄饨、方便蔬菜、方便啤酒、方便饮料、方便“狗不理”包子等一系列方便食品。

(3) 辐射拓展——从中心向四周作由点到面的拓展，如某一原理、技术或产品的拓展推广，可以先突破一点，再向周边延伸。如面粉经发酵产生小气泡使馒头松软可口，将此原理用于其他材料，便出现了发泡塑料、发泡橡胶、发泡水泥，甚至在肥皂中加些气泡，则开发了可浮在水面的浴皂。又如枪用在军事方面的形式有步枪、手枪、冲锋枪、机枪，用在民用方面，则有救生枪、注射枪、种植枪、播种机枪、射钉枪、信号枪等。

(4) 立体拓展——从平面到空间的拓展，如立体种植(农业)、立体停车场等。

视|野|延|伸

电灯的演变

经过几千次的失败，爱迪生终于在1879年年末第一次展现出了电的光亮。爱迪生发明电灯的初衷只是在光线不足时，为人们工作和生活照明所用。

又经过一百多年的不断创新，人们改变了电灯的造型、颜色、连接方式等。现在的电灯可谓五彩缤纷、琳琅满目，除了照明外，电灯的应用领域之广，足以让爱迪生目瞪口呆。

·装饰用灯——霓虹灯、景观灯、背景灯等；

·管理用灯——红绿灯、警灯、指示灯等；

·医学用灯——理疗灯、消毒灯等；

·加热用灯——浴霸灯、红外取暖器灯等；

·武器用灯——探照灯、强光灯、杀虫灭蚊灯等；

·工程用灯——测距灯、找平灯、找缝灯等。

第二节 ｜ 其他拓展型技法——功能的转化与延伸

一、功能转化

将现有产品的功能向新的领域转化，譬如原来是男用的产品，设法开发为女用系列；反之，原为女用的产品，则可发展为男用系列，仅此，市场面就扩大一倍。

美国吉列公司的一次性刮胡子刀片市场独霸全球，市场稳定，但他们并不满足。吉列公司经过大量的市场调查和充分研究发现，美国妇女中有6500万人为了保持美好形象，需要定期祛除腿毛和腋毛。她们一年在这方面的花费竟高达7500万美元。这是刀片开发的巨大潜在市场。女性需要脱毛的部位多在隐蔽之处，所以她们一般在能见度较低的浴室里进行。针对这种特殊需求，吉利公司进行了精心的设计研制：新产品充分显示女性特点，脱毛器具有灵敏的传感部件，能细微感觉肌肤的起伏，在使用者看不清的部位应用自如，不伤皮肤。女性脱毛器的刀架选用彩色塑料，握柄改为弧形，十分灵巧合手。此产品一问世，便使吉列公司销售额扶摇直上。

反之，化妆品在人们印象中为女士的专利。精明的日本企业家率先打破化妆品整体市场的传统观念，将眼光转移到男士身上，适当转换产品成分性能，发明创造出男士专用化妆品系列。当各种清淡护肤的新型化妆品给新一代男性增添风采时，那些潇洒男士也成了化妆品专柜的常客。男士化妆品在中国也将成为一种“挡不住的诱惑”。

二、功能延伸

对于已有的产品，可以设法将其功能作纵横向的延伸。所谓纵向延伸是指产品性能提高、升级换代；横向延伸则指产品向其他领域发展，扩大产品链。上海有一家刀片厂，就是因不断创新而发迹的。

早先，上海刀片厂只有500名员工，生产6分钱一片的“飞鹰”牌刀片，年销售额为3600万元。但到1998年年底，该厂的资产经营总量已达6亿元人民币，销售额达4.5亿元，占国内剃须刀片市场的70%。他们的策略：一是将小商品不断升级换代，从最初的单面刀片到碳钢双面刀片，再到不锈钢双面刀片、高级不锈钢双面刀片、双层刀架等，从过去年销3亿片刀片到现在年销国内6亿片，销国外5亿多片；二是延长产品链：利用本厂薄金属刃口加工技术专长，进行技术拓展，生产出工业、建筑、文具、医疗等方面的异型薄刃刀，理发店的卫生剃刀、刮脸须刨等，还与美国吉列合作生产剃刀，与法国双立人合作生产厨房用刀。不断升级的产品与不断发展的新领域，使上海刀片厂充满了生机活力。

第三节 | 其他拓展型技法——废弃物品的再利用

一、废物利用的价值

废物是放错了位置的宝物。废品随处可见，巧妙利用开发，不仅本小利大，而且往往还是个积德行善、保护环境的大好事。譬如工业废物煤渣可作铺路之物，也可作为水泥的原料或压制成煤渣砖，成为建材工业的新来源；北京皮件四厂生产的“乞丐包”是利用废弃碎皮拼制而成，一度成了时髦女郎的新潮用品；有人将破碎的皮拼接、植绒、染色，使之成为可加工高档裘皮衣服的好材料；一些退役军舰、报废的巨轮，除拆卸利用外，还可改装成海上旅馆、海上餐厅、海上展览馆等。

对有些废物的回收不仅是节省资源的再利用问题，还会有意想不到的好处。一般成年人在手术过程中如失血超过1000毫升，输血便成为保障生命、顺利度过手术关的重要手段。但异体输血不仅存在血源紧张的问题，还可能带来血源性疾病或异体输血反应、输血后免疫功能下降导致手术感染率上升等问题。因此，设法将手术中流失的血收集起来，经过处理再输回自身，是一个两全其美的好方案。目前，国内已有100多家医院引进了“自体-2000型血液回收机”，成功使用在临床手术中，有效救活了上万名病人。

三个麻省理工学院的学生发明了一种可种植的铅笔。其发明的诱因是“全球每年生产150亿支铅笔，却有几十亿个铅笔头或断笔被扔进垃圾箱里”。为了减少这种不必要的浪费，他们想出了一个绝妙的主意：在铅笔顶端加一个可降解的胶囊，里面放入各种植物的种子。这样，剩下的带胶囊的铅笔头直接插入土壤后，不久便会长为薰衣草、太阳花甚至青椒、西红柿……这支可种植的铅笔卖到了全球60多个国家，每个月售出45万支，销售收入超过1800万美元。

接着，一个克罗地亚姑娘将这种绿色、可持续的精神发挥到了极致。她突发奇想：能不能将茶叶渣、咖啡渣和凋谢的花瓣作原材料，替代铅笔使用的木材？果然，她发明了用废渣来替代木材制成的铅笔。削下的铅笔屑可以作为肥料，真正实现了从头到尾100%绿色可持续。

甘油曾是艰苦朴素时代的大好护肤品。随着包装华丽的中外化妆品不断涌现，平淡如水的甘油早就无影无踪了。其实，甘油的防裂防皱功能独特，在冬季或干燥环境下有很好的护肤效果，且价格低廉。然而，“原汁原味”的甘油没有诱人的香味，使用时要先兑些水稀释，因此逐渐被人遗弃淡忘。独具慧眼的精明厂商针对甘油的缺点，在生产、工艺技术直至外包装上都作了创新改进，使之使用时无须兑水，又添加了各种流行的芳香。几乎被人遗忘的“灰姑娘”闪亮登场，又一次走红。

同样，窑洞似乎也是一种落后建筑的象征。专家们经考察研究后认为，窑洞有许多明显的优点：保温隔热、冬暖夏凉；节省耕地、保护环境；减少噪音、光辐射、空气污染以及大气中放射物质对人体的不良影响。目前，开发地球浅表空间成为各国建筑专家关注的热点，窑洞建筑将风靡世界。在日本，学者们准备向非洲提供中国下沉式窑洞的“技术转让”；在法国，受窑洞启发建筑的半埋式太阳能别墅很受欢迎；在美国，农场主们以有窑洞为荣，不少小城镇也竞相仿效。

二、再制造业

修旧利废，本来是我们的传统美德，但在时下物资丰富、经济好转的情况下，我们也学会了对物品的快速淘汰、快速更新，将旧物一丢了事。这不仅是浪费，也会增加污染。其实，修旧利废就是值得关注的再制造业。它是一个新的商机，是触手可及的暴利行业。

我们知道，一般产品的实际寿命是设计寿命的 2—3 倍，所以轻易抛弃是很大的浪费。采用再制造的方式加以修复，其成本只是制造新品成本的 50%，且可节能约 60%、节材约 70%。

以色列将报废的波音 747 客机再制造成货运机，购入旧飞机花 200 万美元，改装翻新后卖 8000 万美元，其价格仍比新货机便宜 3500 万美元。

在美国、德国，许多人对报废汽车的零配件进行修复加工，并标上“再制造”字样。其性能寿命与新品一样，价格却便宜得多。在美国，至 2005 年前，在再制造相关产业就业的人数达 100 万，年销售额有 1000 亿美元。

据数据显示，每年全世界仅再制造业节省的材料就达到 1400 万吨，节约的能量相当于 8 个中等规模核电厂的年发电量。在全球 7 万多家再制造企业中，我国仅有十余家，不到十万分之三，能拨动节约“大循环”的再制造业在我国“才露尖尖角”。

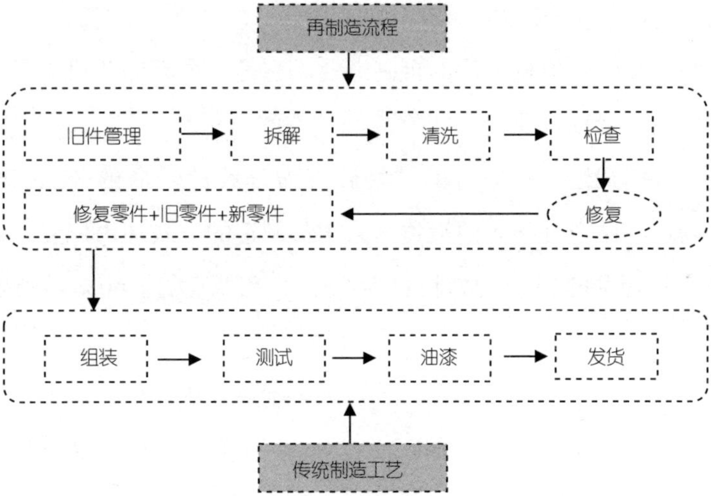

第四节 | 其他拓展型技法——深度开发、综合利用

对原始产品进行深加工开发，对资源进行综合利用是潜力发掘的重要途径，可以使原有产品的效益成倍增长。

一、精加工深度开发

精深加工是对现有产品或资源运用现代技术与设备进行精细而深度的加工制作，以提升产品品质或延伸产业链条，实现其效益最大化的创新环节。

中国是种植马铃薯大国，种植面积达 7000 万亩，年产量约6000万吨，均列世界首位。对于马铃薯的利用，国际上进行加工开发的平均比例达70%—80%，美国等发达国家人均薯片消费量约为9公斤。而中国对马铃薯的深加工几乎为零，大约有90%的马铃薯仅作为鲜食。如将马铃薯加工成全粉，价格便可翻3—4倍，再以此加工成复合马铃薯片，则又可以翻4倍多。

其实，马铃薯可加工生产成2000多种产品，广泛用于食品、饲料、医药、化工等几十个工业部门。用传统方法将马铃薯加工成淀粉可增值30%，再加工成粉条增值80%；对马铃薯作综合开发，生产乳酸则增值3倍，生产环糊精可增值20—30倍。要是我国有60%的马铃薯进行深加工开发，一年可增值3000亿元以上。在我国，农产品的深加工与综合开发利用还没有真正被重视，诸如地瓜、玉米、油菜、莲藕、魔芋、野生葛根等无不有着广阔而巨大的前景。

茶叶价格低廉，能提神解渴、防暑开胃，堪称雅俗共赏的大众消费品，被世界粮农组织称为21世纪的饮料。据茶叶生化专家鉴定分析，小小一片茶叶中，竟有500多种化合物，由25种基本元素构成，其中通常所说维护身体健康和提供生长发育的营养素、蛋白质与氨基酸、碳水化合物、矿物质、维生素、粗纤维等一应俱全。茶叶特有的茶多酚、茶水性多糖、咖啡碱等对人体抗病防病、延缓衰老、提神醒脑等均有效果，被称之为配伍相宜的良药。

茶叶开发除了在品种、档次、饮法、保鲜等方面努力外，对于大量低档茶叶作深层开发也会带来很好的效益。诸如：

（1）茶料食品。国外兴起的“吃茶”风渐渐波及国内，茶料食品应运而生。目前国际市场已开发出各种茶叶食品，像茶果冻、茶果脯、茶果奶、茶糖果、茶心巧克力、茶心面包等。其中茶果冻就是将低档茶叶、茶末、茶梗碾碎成粉，跟凉脂粉、海藻粉混合冷冻胶化，成本低、口感好。

（2）茶汁饮料。为使茶饮现代化，如今开发的速溶茶很有前景。另外，茶叶晶、茶露、茶汽水、茶啤酒也成为开发热点，值得一做。

（3）茶叶保健品。利用茶叶天然成分的药理功能，再添加其他辅助成分，不仅可保持茶叶的良好品味，还可兼具防病保健之功效。由此而来的山楂茶、猕猴桃茶等崭露头角；掺和中药的补脑茶、益寿茶、宁心茶、减肥茶以及灵芝茶、降压茶、养颜茶、解酒茶、戒烟茶也在不断被推出。

（4）茶制日用品。近年来研究发现，茶叶中的茶皂素、茶甙、绿厚酸等有抗细胞氧化功能。将低档茶叶蒸煮，萃取有效成分添加进牙膏、肥皂、护肤品、洗发液等，则使其具有独特作用。由碾碎的粗老茶末与荞麦壳、麦饭石、薄荷、菊花等配制成的药枕，具有杀菌、消暑、驱蚊的作用。

二、综合利用开发

任何事物都有其显性和主导的部分与特征，人们很自然地首先据此进行开发利用，而往往忽视那些次要或隐性的部分。

显然，这是对资源的浪费，甚至会出现“捡了芝麻丢了西瓜”的错位。科技的发展和开发能力的提升为资源的综合利用创造了条件，大大拓展了创新开发的空间。

比如，煤炭最初的用途是燃料。通过洗选、焦化、气化、液化等加工方法，可从煤中制取焦炭、焦油、气体和液体燃料，再通过各种途径提取和制成多种产品，如涂料、化肥、染料、塑料、合成纤维、合成橡胶、炸药、药品、石墨、电极、活性炭、炭黑制品以及感光材料等。还可以从煤或煤灰中提取锗、镓、钒、铀等微量元素，或有价值的金属，如钼、钍、锌、钴、镍、铟、铼、铍、金、铂等。被称为空间金属的稀有金属铍是制造宇宙飞船、导弹、喷气飞机的重要材料。用煤制成的碳素纤维制品比玻璃纤维的强度还高，比钢的抗拉强度大四倍以上，可用作喷气发动机和宇宙飞船结构材料。煤灰渣可用来制造多种硅酸盐制品和轻质高强度混凝土。而源自石墨的石墨烯更被盛赞为必将造就一个新时代的超级“黑客”。

再如家兔，不仅为人类提供优质的兔肉和兔毛，而且其原来被忽视的兔耳、兔蹄、兔尾现可加工制成骨肉粉。骨肉粉因为含钙和磷较多，是家畜的补充矿物质饲料，还能肥田。另外，家兔还在制造生物药品、药物鉴定及疾病诊断等方面得到广泛应用。从兔胎盘提取的兔胎素的养颜美容抗衰老功能要比羊胎素更好。甚至，兔粪被综合开发后可以制成喂鸡、鱼，肥效高、肥力长的有机肥料，还能杀虫灭菌，使农作物减轻虫害。

在太阳能的开发利用热潮中，我国科学家的最新成果是，通过综合开发，可以达到对太阳能100%的利用。其关键是发明了一种薄膜，将其用于作物大棚的顶部。该薄膜的奇妙之处在于可针对性地让特定光谱的光线通过，供作物生长之需，其余的光线则反射聚焦至太阳能电池中发电，一点都不浪费。

第十章

行动是最好的创新

不是你没有力量，而是你没有去实现。

第一节 丨 培养创新习惯

一、正确认识创新中的失败

管理学大师彼得·圣吉说："创新最重要的环节是尝试，尝试最大的可能是失败。"

所有的创新都有一个尝试的过程：做实验、做模型、做样机样品、试点试行，在失败的基础上一次次地改进。再好的创意，不经过实践，都只能是个设想。在试一试中考察其可行性，考核其效果，并加以改进完善。

创新正是在一次又一次失败的基础上实现的。创新不会一蹴而就，而需要一点点地克服困难，最后实现质的飞跃。面对创新中的失败，要理性、客观，不要妄自菲薄，关键是找对原因和方法，进行下一步的实践。创新拒绝慢动作。天下不乏新点子、新创意，只是大多数人都只是点到为止。唯有勇于探索、快速行动者才有希望走向成功。所谓创新，就是不怕失败的毅力和先人一步的落实。

二、坚持创新，持之以恒

面对挫折与失败，丘吉尔的信条是永不言败。他的成功秘诀：第一是绝不放弃，第二是绝不、绝不放弃，第三是绝不、绝不、绝不放弃。

任何有价值的创新，从产生创新思想到完成，都不是轻而易举的事情，靠一时的热情或运气是无法实现的，有时需要几年、几十年甚至一生坚持不懈的努力才能完成。在这一过程中，除了有许多科学技术问题需要学习、探索、研究外，有时还会遇到严酷的环境、社会的压力和经济的困难。

居里夫人曾说："人要有毅力，否则将一事无成。"在创新的征途中，可能会摔许多次跤，摔得鼻青脸肿甚至头破血流，但只要坚持站起来，就有成功的希望。居里夫人身患结核病，为了找出提炼纯镭的方法，在一间没有人住的旧棚屋里，以惊人的毅力顽强工作 45 个月，终于从 400 吨铀沥青矿、1000 吨化学药品和 800 吨水中提炼出了 1 克纯镭，而她的体重却减少了 14 斤。

明代药物家李时珍 20 多岁时开始行医，共花了 27 年心血完成著作《本草纲目》。陈景润完成哥德巴赫猜想的整个过程，都反映了百折不挠的坚持精神。体操王子李宁在从事体操运动的十几年中，获得的奖牌多达100多块，其中有14项世界冠军、3个奥运冠军，取得如此辉煌成绩基于“每天坚持训练10多个小时，每次训练都要有突破”。

三、让创新成为一种习惯

实现创新的常态化、大众化、生活化，兴趣是最好的入口。从宣传教育、案例示范来激发引导大家对创新的兴趣。事实上，创新能活跃思维、开阔视野，让不可能成为可能、让平凡变为非凡，并由此带来方便、带来享受，而且其乐无穷。试看一些创新者，他们专注、执着、废寝忘食，一旦有所突破，其快乐无法形容、无可比拟。

从兴趣逐渐发展成为爱好，再成为行动，慢慢地成为习惯。习惯了就无须外界的驱动，也不必自己刻意去创新。习惯成自然，时时处处渗透于工作、学习、生活和一切社会事务活动之中。于是，创新就从云端落地，成为生活态度、生活方式、日常习惯，进而升格为人生品位和生活境界，并内化成固有气质和优秀禀赋。

人类是具有习惯性的动物。习惯是一种自然或下意识的反应，所以是简单的，不会是一套复杂的程序。习惯是后天养成的，需要长期反复的影响、经验或诱导、训练才会逐步稳定固化下来。习惯一旦形成便不容易改变，改变习惯需要自身的意志力或外界力的干预、支持。

习惯的形成大致分成三个阶段：第一个阶段是培养习惯的头1—7天，这个阶段的特征是“刻意，不自然”；第二个阶段是在7—21天，这一阶段的特征是转向“刻意，自然”，即不那么别扭了，感觉比较舒服，但是稍不留意，老习惯会杀回马枪，因此还需要警惕和注意；第三阶段是在21—90天，这个阶段被称为“习惯性的稳定期”，其特征是走向“不经意，自然”，最终稳定成为习惯。

好习惯的形成离不开主观努力、自身修养。

具体程序和做法如下：

（1）学习了解。这是第一步，首先就要学习了解创新和习惯的相关知识。

（2）自我诊断。分析检查一下自己平时所养成的主要习惯是什么。

（3）制定目标。与那些典型的创新习惯相对照，看自己需要改变哪些习惯，培养哪些习惯。

（4）以小带大。不要急于求成，从小事开始，把想要培养的习惯具体化，并首先保证第一个尝试取得成功。

（5）记录检查。写下目标和实施过程，用以督促检查。

（6）与人分享。将自己的计划和做法与家人、朋友交流分享，以获得鼓励和帮助，或许还可以找到一起来实践的伙伴。

创新的本质是突破和变革。显然，按照习惯行事，机械地照搬经验和知识，必然是创新的障碍。但是，如果让好奇成为习惯，并习惯于去观察、去探索，习惯于从不同的角度去思考、去质疑，习惯于另辟蹊径、提出新的观点，习惯于去实践、去交流分享，那么，必然会有创新成果。

第二节 | 把握创新原则

创新和控制看似是两个相悖的概念，其实是一个事物的两个方面。汽车要跑得又快又好，除了要有动力系统外，还要有刹车系统，否则，谁都不敢开。控制绝非限制创新，而是让创新卓有成效、减少风险，避免落入“不创新是等死，创新则是找死或猝死”的怪圈。

目前，我国的专利转化率极低，原因当然是多方面的，但其中也确实存在着发明人的问题，即在发明创新过程中忽视甚至违背发明创新所需遵循的基本准则。有的发明，从某一角度看非常之好，但换个角度看就有问题。如果说在解决一个问题的同时又造成（带来）了另一个问题，那这个方法就无法被接受、被推广。

实践告诉我们，发明创新需要遵循一些基本原则。

一、可能性原则

创新的需要应该与可能性相结合，才有可能成功。

（1）原理上的可能性。时至今日，有些人还在致力于永动机的发明。显然，这违背自然界最基本的能量守恒原理，所以再煞费苦心也徒劳无益。

（2）实施上的可能性。有些创新构思、新产品开发的设计思路可能很有特色，但具体制造时受目前的材料、技术或工艺等条件限制难以达到，那么也就无法实施。

（3）应用上的可能性。创新需要综合考虑。某些针对某种需求有用的创新，要是会带来别的危害，则也难以应用。如某些创新产品在应用时会对自然环境、伦理习惯产生影响和冲击，则难以推广应用。曾有一位美国人发明了能喷水的闹钟。他用一架喷头代替闹铃，这样，任何难唤醒的人都会被冷水淋醒。然而，一般人并没有这种需求，因为为了被唤醒还得让被褥遭殃，所以这种创新无法商品化。

二、简单性原则

牛顿说：“自然界喜欢简单。”一些揭示自然界普遍规律的表达式都是异乎寻常的简单。

追求简单并不简单。有人认为，科学家是在大自然中发现了复杂，而天才则是在复杂中洞察了简单。在高水平的管理中，其规则越简单就越抓住本质、抓住要害，也越有效。现在许多在管理创新上取得良好效益的企业，其管理制度也是简单明了的，易懂易记，一目了然，便于贯彻执行。

同样，在新产品的创造构思中，要达到预计的功能效果，显然是越简单越好。但这种“简单”需要花费更多的精力与时间，体现更高水平的创造性。当然，高水平不等于高科技，贵在独特与巧妙的创新。

例如，烧水用的水壶在倒水时，如果倾斜过度，壶盖很容易滑落下来。为此，有人设计了一种附加在提手根部的活动小卡子，转动卡子可起到松开或压住壶盖的作用。这个小发明构思精巧，被很多人赞赏。可是水壶生产厂却并不领情，认为是多余之举。他们用更简便的方法处理：将壶盖的边缘用钳子夹弯一些，适当的变形可调节壶盖与壶体间的松紧，使之在倾斜时壶盖不掉落。

即便在高科技主宰一切的宇航事业中，也有简单的小发明解决大问题的例子。宇航员戴上头盔之后，头部活动受到限制，无法低头看清自己的身前之物。科学家们提出了配置摄放像系统来排除盲区的建议。这在现有技术条件下是可以实现的，但却要增加一套系统与重量，给飞船设计带来很多困难。其时有人灵机一动，让宇航员在手腕上配戴一块小镜子，转动手腕，便可在镜子中看到胸前的一切。

三、系统辩证原则

创新本来就是一项系统工程，应该从多个角度辩证思考，如一厢情愿地只强调某一方面的优势，或只看到其显性的效益，则可能会产生不理想的结果。

我国还是发展中国家，财力和基础都与发达国家有一定的差距，凡事都应该辩证思考，选择真正适合于自身的发展之路，切忌跟风、攀比，盲目追求高科技、智能化。走适合我国国情的创新之路才是最好的创新方法。

四、适用与实用性原则

任何发明，不管有多难、多巧妙，最终必须要合适才可取、可贵。试看以下几例：

·精明人买鞋：同一种品牌和款式的鞋，尺码不同但价格是一样的。于是有个“精明人”去买鞋便总挑最大号的买，觉得这样就占了便宜。结果，鞋没少买，但没有一双合适能穿的。

·敬老献爱心：每逢重阳、中秋等节日，不少学校都要组织学生去敬老院献爱心——给老人整理床铺、洗头梳头、修剪指甲、陪老人散步晒太阳等。然而由于安排不当，在那天会有几批学生去同一敬老院。下午，一位在四楼的老婆婆对要扶她到楼下去散步晒太阳的女孩说，今天我已经梳了两次头、下了三次楼了，走不动了，让我休息吧。

五、相对最优原则

尺有所短，寸有所长。从理论上讲，创新产品应该追求技术水平最高、功能最多、使用最方便、造型最漂亮、结构最精巧、价格最便宜、经久耐用最可靠，才算达到理想完美的境界。然而，试以这七条标准去审查衡量现在市场上的商品，恐怕无一例能完全符合。可见，任何一个创新产品都只能是相对最优，不必也不应该求全。誉满世界的事物总存在微小缺陷，白璧微瑕并不会使其失去应有的光彩与价值。我们追求的是有重点、有选择、有条件的最优。

比如，要确定最佳运输方式，有五种基本运输方式可供选择：铁路运输距离长、批量大、费用比公路运输低、基本不受气候影响，其缺点是不能提供门对门运输，运输费比水运要高；公路运输方便灵活，能实现门对门的运输，但运输费用比铁路高，不宜长距离运输；水路运输费用最低，但运速慢，组织管理较麻烦；航空运输速度最快，但费用又最高；管道运输最安全、不占地，但目前只能运输气体或液体商品。理论上讲，最佳运输方式应该是速度最快、费用最低、最灵活方便、最安全。但上述五种方式各有千秋，并非“全能冠军”，因此选择时只能因地制宜，相对最优。

六、不轻易否定、不简单比较原则

在分析评判各种产品创新方案时，应注意避免轻易否定的倾向。在飞机发明之前，科学界曾从理论上进行了否定的论证。过去也有人断言，无线电波不可能沿着地球曲面传播，因而无法成为通信手段等。显然，这些都是不恰当的否定，科技发展的实践已经做出了明确回答。不恰当的否定之所以出现，是因为人们运用了错误的理论或错误地使用了理论，但更多的是因为人们主观武断地给某项发明去规定若干技术细节，之后又以常规思维去分析证明这种技术细节根本无法达到。

为避免轻易否定的倾向，还应注意不要随意在两个事物之间进行简单比较。不同的创新，包括非常相近的创新，原则上不能以简单的方式比较其优劣。

不简单比较原则与前述相对最优原则并不矛盾。相对最优原则是告诉创新者不能要求创新十全十美，只能追求尽量完美；而不能简单比较原则是指在两种或多种创新产品间，不可简单地盲目进行类推。

七、效率与效用原则

什么叫经济？著名经济学家孙冶方的解释是：以最小的投入获得最大的效益。这就是有名的“最大最小”原则。创新很显然也应该遵循这一原则，提高效率，增加效益。

利益是人们行为活动的动力。马克思认为：“人们奋斗所争取的一切，都同他们的利益有关。”可见，利益是激励人们为改造客观世界而自觉活动的客观动因。“没有永恒的朋友，没有永恒的敌人，只有永恒的利益。”自然，不同的人对这句话的认识含有价值取向的差异。但说到底，人们的一切活动，包括一切创新，其实质就是在谋求利益。对产品进行创新，就是要赢得顾客的青睐，占有市场份额，这就是市场评价原则。

爱迪生说：“我不打算发明任何卖不出去的东西，因为不能卖出去的东西都没有达到成功的顶点。能销售出去就证明了它的实用性，而实用性就是成功。”

有人专门设计了使用价值检核表，以评价发明的实用性。

（1）该发明要解决的问题是否迫切。

（2）是否容易使用。

（3）是否耐用可靠。

（4）是否令人喜欢、赏心悦目甚至爱不释手。

（5）其他一些要求能否满足，如使用安全、不妨碍他人、无公害等。

八、共赢原则

当前，世界范围内的生产力、生产方式、生活方式、经济社会发展格局都在经历深刻的变革，多方合作、国际合作成为每个国家日益重视的发展途径。现代竞争也不再是钩心斗角、互相拆台，非置对方于死地而后快，而是从行业的角度、发展的角度，以合作竞争的方式建立合作、共享资源的关系，以此来寻找提高生产力和竞争优势的战略，共同将利益蛋糕做大，争取双赢与共赢。

创新在合作竞争方面有三个基本要素：利益、亲密关系和合作远景。

（1）利益——减少重复与浪费，利用彼此的核心能力和创新的契机。

（2）亲密关系——相互信赖、信息共享、合作团队意识。

（3）合作远景——建立战略伙伴关系、共享的理念。

第三节 丨 累积知识进行创新

一、知识更新，不进则退

当今时代，知识激增，同时又快速更新、快速折旧。据联合国教科文组织统计，人类近30年来所积累的科学学问占有史以来积累的科学学问总量的90%，而在此之前的几千年中所积累的科学学问只占10%。现在我们一周所接触到的信息量已赶上17世纪的人们一生接触的信息量。1950年以前，知识的半衰期为50年；21世纪，知识的半衰期平均为3.2年；IT业高级工程师的知识半衰期为1.8年。

学习不只是一时或谋生的任务，更是终生的需要。终身学习是提高一个人、一个民族、一个国家竞争力的不二法门。联合国教科文组织提出一个新概念："不会再学习的人就将是文盲。"互联网时代，社会在逐步淘汰有学历的人，但永远不会淘汰有学习能力的人。

在知识飞速增长和更迭的时代，无论何人，都必须培养学习的自觉性，把学习能力当成第一能力，不断学习，终身学习，这样才不会被时代淘汰。

我国许多劳模和工人发明家的学历都很低，但他们不甘平庸，以使命和责任为动力，积极、奋发地学习，努力向知识型、智慧型工人转化。

刘幼生是武钢焦化公司的电工。他从初中一年级文化程度起步，把学习作为人生的第一需要，不断学习、不断创新、不断超越，用所掌握的知识打开一道道智慧之门，收获了40项发明创造成果和两项国家专利，3枚国际发明博览会金奖，被誉为“工人发明家”“新时代的知识型工人”。刘幼生坚信，在学习中可以积蓄力量，让自己变得更有价值。

我国当前处于增长与转型的重要历史时期，经济社会发展大转型的趋势不可逆转。竞相涌现的新观念、新科技又在全面深入、不由分说地改变甚至颠覆着世界的方方面面，如移动互联网、物联网、大数据、云计算、3D/4D打印、机器人、可穿戴设备等的发展冲击和促使着制造与文化、制造与服务、制造与智慧的跨界融合变革，所以更新知识、不断学习的任务刻不容缓。

二、掌握学习方法

学习是人们通过后天教授或体验获得经验（含知识、方法、技能、情感与价值）的行为方式。学习需要求教、质疑、交流、实践。求教获得帮助，质疑深化思考，交流形成互补，并由此得到启示、激发思想、增强兴趣。同时，在了解、效法、选择、积累的过程中进行体验、练习和实践应用。唯此，学习才能深入有效，用于创新。

善于学习的人会运用各种要素和方式进行学习。

1．激发学习兴趣，制订学习计划

对新知识、新事物的兴趣和追求是人类的一种天性，越是多学习、多了解，对学习就越有兴趣。给自己设定学习的目标要求，制订具体可行的计划，认真执行，养成习惯。发扬“钉子精神”，合理安排和利用点滴时间，锲而不舍，勤奋执着，积少成多，聚沙成塔，积跬步以至千里。同时要抓住关键，区分主次，突出重点，提高效率。

任相财是大庆油田采油工，被誉为“工人发明家”“技术120”。他痴迷于发明，但他上学时正遇上“文革”，实际上没有念过多少书。他说：“要想多干点事儿，光凭力气是不够的。”于是，他拼命学习，一边查字典，一边四处求教，常常好几天看不完一页。但几年下来，他硬是通读了《采油工新工艺》《集输工程》《机械设计》等大量书籍，还写下20多万字的读书笔记，以此奠定了发明创新的基础。

2．在书本中学习

书籍是人类知识的载体，是人类智慧的结晶，是人类进步的阶梯。读书的好处很多，如可以获取信息、增长知识、开阔视野，可以陶冶性情、培养和提升思维能力等。而阅读则是终身学习的一种重要形式。

国外许多实践经验表明，科学创新研究中出现的各种问题，几乎95%—99%可以通过科技文献检索查询获得启发、帮助和解决，仅1%—5%的问题是靠自己的创造性劳动解决。

同样，我们生产和生活中的许多问题大多可以在查阅资料中找到思路和方法。

3．多角度学习

人的五官四肢，都可以感知外界信息，是学习的入口。所以，人们学习的途径是多方面的。

（1）在“看”中学。我国地质学家李四光说：“观察是得到一切知识的一个首要步骤。”我们知道，眼睛是获得信息、知识的重要窗口，除了专门的阅读，“看”的内容无疑涵盖人类社会、自然世界的各个方面。每个人都可以从“看”中吸取营养、获得知识。

（2）在“听”中学。听讲课、听新闻、听闲聊，从“听”中学习知识、捕捉信息。俗话说：“听君一席话，胜读十年书。”王宗岳在《十三势行功歌诀》说：“入门引路须口授，功夫无息法自修。”我们每天花在沟通上的时间：倾听为46%，说话为26%，阅读为15%，书写为13%。所以，在“听”中有很多的学习机会。

（3）在“说”中学。“说”是对知识的口头表达，是以对知识的熟悉理解为基础的，因此可以促进学习。同时，“说”也是交流，创新者特别喜欢跟那些与自己“观点相左的人”讨论，以获得“完全不同的观点”。多与人交流，互相探讨，不要局限于同行。与不同领域的人交流有时会产生意想不到的效果。如有机会，多参加头脑风暴会，既能获得更多的启迪，又能活跃自己的思维，还可以有意识地改变环境，以避免习惯的影响，激发新的思维。

（4）在“问”中学。学问本身就由“学”和“问”共同构成。“问”既可以是请教，是“学”的一种形式，也可以是质疑，是“学”的深化。

（5）在“玩”中学。人们常说：不会休息就不会工作。休息不仅是对身体的休整，也是对思维的调整。适当的放松有利于灵感的萌发。“玩”是一种积极的休息，会玩的人也往往思维灵活，会动脑筋。“玩”是一种主动学习的态度，可以培养动手能力，启发兴趣爱好，还可以从玩中发现问题、启迪思维。

（6）在“干”中学。工人发明家的共性是：岗位创新，实践创新，需求创新，所以他们的学习是密切结合实际，尝试、实践、边学边干，在干中学、学中干。并且，他们大多数人都有随时记录的习惯：凡有新的启发或创意，都要及时记录，以免遗忘。有的企业特意在走廊、食堂、休息室甚至厕所备有笔和便笺纸，以便员工随手取得，随时记录。

总之，要取得创新的成功，就要行动起来，不断地学习和累积知识，学以致用，为社会创造价值，同时也可提升自身的价值。行动就是最好的创新。

主要参考文献

1. 刘仲林著：《中国创造学概论》，天津人民出版社，2001 年。
2. 尹文刚著：《大脑潜能——脑开发的原理与操作》，世界图书出版公司，2005 年。
3. 张武城主编：《创造创新方略》，机械工业出版社，2005 年。
4. 周道生、赵敬明、刘彦辰编著：《现代企业技术创新》，中山大学出版社，2007 年。
5. 袁伯伟主编：《画说创新——全民创新读本》，湖北科学技术出版社，2008 年。
6. 颜晓峰著：《创新研究》，人民出版社，2011 年。
7. [美] 文森特·赖安·拉吉罗著，金盛华、李红霞、邹红译：《思考的艺术》，机械工业出版社，2013 年。
8. [美] 杰夫·戴尔、赫尔·葛瑞格森、克莱顿·克里斯坦森著，曾佳宁译：《创新者的基因》，中信出版社，2013 年。
9. 袁伯伟主编：《创新能力开发十八讲》，长江出版社，2013 年。
10. 郎加明著：《创新驱动世界——制创新权与金三极创新思维》，人民出版社，2014 年。

致　谢

湖北省总工会对本书的写作给予了大力支持和具体指导，湖北省创新研究会的张望喜、张佑军、赵俊刚、周和平、刘邦民等同志分担了许多实际工作。本书是各方协同努力的成果。在此，对他们表示诚挚的感谢。

由于本人水平有限，书中难免出现错误和纰漏，望读者批评指正。

袁伯伟

2017 年 2 月